湖南省高职高专药学类专业特色教材

药品经营质量管理规范实训教程

主　审　甘湘宁

主　编　戴　波

副主编　赖利平　胡文主

编　者（按姓氏笔画排序）

邓玉群　代洪波　何林辉　张学良

陈　静　胡文主　胡学英　赖利平

赖玲波　戴　波

中国健康传媒集团
中国医药科技出版社

内 容 提 要

本教材以药品零售经营企业岗位活动为导向，以职业技能为核心，以职业岗位中典型工作任务为项目，以完成工作任务为主要学习方式，突出技能要求、操作流程和操作要点。本教材的项目教学包括药品采购、药品收货与验收、药品储存与养护、药品的出库管理、零售药店的店面布置、药品陈列、计算机系统的操作、药品经营企业的经济核算、接待顾客的基本礼仪、问病荐药、处方调配、中药饮片性状识别（中药专业）、中药处方调配（中药专业）、常用家用医疗器械的使用共 14 个内容，内容紧密结合湖南省高等职业院校学生专业技能抽查标准与题库（药学专业）。

图书在版编目（CIP）数据

药品经营质量管理规范实训教程 / 戴波主编 .—北京：中国医药科技出版社，2018.6（2025.1重印）

湖南省高职高专药学类专业特色教材

ISBN 978-7-5214-0172-1

Ⅰ. ①药…　Ⅱ. ①戴…　Ⅲ. ①药品－商业经营－质量管理－规范－中国－高等职业教育－教材　Ⅳ. ① F721.8

中国版本图书馆 CIP 数据核字（2018）第 074409 号

美术编辑　陈君杞
版式设计　南博文化

出版　**中国健康传媒集团**｜中国医药科技出版社
地址　北京市海淀区文慧园北路甲 22 号
邮编　100082
电话　发行：010-62227427　邮购：010-62236938
网址　www. cmstp. com
规格　787 × 1092mm $^1/_{16}$
印张　11 $^3/_4$
字数　194 千字
版次　2018 年 6 月第 1 版
印次　2025 年 1 月第 7 次印刷
印刷　大厂回族自治县彩虹印刷有限公司
经销　全国各地新华书店
书号　ISBN 978-7-5214-0172-1
定价　30. 00 元

获取新书信息、投稿、为图书纠错，请扫码联系我们。

前　言

《药品经营质量管理规范》(GSP)已于2013年1月22日发布(卫生部令第90号),并自2013年6月1日起实施,且于2015年5月18日原国家食品药品监督管理总局局务会议第二次修订,2016年7月13日再次修订。新修订的药品GSP按照药品经营的进、存、销、运四大过程从药品经营企业人员、机构、设施设备、文件体系等质量管理要素的各个方面,对药品的采购、收货、验收、储存、养护、销售、运输、售后管理等环节做出了许多新规定。为适应当前职业教育的培养目标,改革职业教育的教学方法,解决学生理论与社会实践脱节难题,满足药学专业、中药学专业及相关专业学生参加职业技能鉴定的考证和校内实训教学要求,湖南食品药品职业学院教材委员会组织编写了本教材。

为培养高素质、技能型的药品经营专业从业人员,且能围绕社会需求、体现行业发展,教材内容上对接职业标准和岗位要求。本书采用项目教学为主要教学方法,以药品零售经营企业岗位活动为导向,以职业技能为核心,以职业岗位中典型工作任务为项目,以完成工作任务为主要学习方式,突出技能要求、操作流程和操作要点,不强调知识的系统性,而注重知识和技能相结合的操作性和实用性,缩短学校与企业之间的差距,教学内容逐步与社会接轨,使学生在学校就成为社会人,实现零距离就业。项目教学由技能训练和附录两部分组成。

本教材紧密结合湖南省高等职业院校学生专业技能抽查标准与题库(药学专业)将GSP实训分为14个项目,每个项目明确了实训目的、实训内容以及按照GSP要求应该填写的记录。让学生提前体验药品经营过程中的质量管理及操作要求。每个项目中的相关知识是为了方便学生查找使用,不作为老师讲课的内容。

附录部分为供学生参考的《药品经营质量管理规范》(国家药品监督管理总局令28号)及2014年新发布的《医疗器械经营质量管理规范》。

本教材由校企合作开发,湖南食品药品职业学院戴波担任主编,湖南瑞康医疗有限公司、湖南海典医药软件有限公司两家公司参与合作。湖南食品药品职业学院赖利平、胡文主担任副主编,湖南食品药品职业学院甘湘宁教授担任主审,编写人员有胡文主(实训五)、邓玉群(实训十二、十三)、赖玲波(实训八、实训十四)、陈静（实训六）、代洪波（实训七），张学良（实训十一）、赖利平（实训三、实训四），戴波（实训九、实训十），以及胡学英（实训一）（湖南瑞康医疗有限公司）、何林辉（实训二）（湖南瑞康医疗有限公司）等。

本教材在编写过程中参考了国内外有关教材和网站上的一些资料，并参照了同类书的相关知识，在此谨表谢意。

由于编者水平有限，书中不当与疏漏之处在所难免，恳请师生及同仁批评指正。

编者

2018 年 1 月

目 录

实训一　药品采购

工作任务单（表1-1）

表1-1　药品采购工作任务单

序号	岗位	工作任务
01	采购员	拟发展XXXX企业为供货单位，按照首营企业审核程序，确认供货单位的合法资格并核实业务员的身份
02	采购员	拟销售XXXX药品，按照首营品种审核程序，确认药品的合法性
03	采购员	按照采购程序，在计算机系统进行模拟采购药品

【实训目标】

1.能说出首营企业、首营品种审核内容。

2.能在规定的时间内按照审核程序进行首营企业、首营品种审核操作，并做出正确的判断。

3.能按照药品采购的程序，在计算机系统进行模拟药品采购。

4.培养学生的协作精神和理解、判断能力。

【实训准备】

GSP模拟药房；计算机、首营企业资料、首营品种资料等。

【技能操作】

某企业经过市场调研发现湖南湘中制药生产的丙戊酸镁缓释片的市场前景很好，拟采购本药品，假如你是某批发企业采购人员，请对湖南省湘中制药有限公司企业和丙戊酸镁缓释片进行企业和药品合法性的确认，并按照采购程序进行采购。

1.分组及角色分工　将学生分成4~5人一组，分别担任项目经理、质量负责人、质量管理员、采购员及采购部经理等角色。

2.审核及采购　进行首营企业和首营品种的审核，并按照采购程序模拟采购药品。

3.考核内容及评分表 评价包括两个方面，总分为100分，其中职业素养与操作规范占该项目总分的20%，操作结果即作品分占该项的80%，职业素养与操作规范及作品分两项均需合格，总成绩评定为合格。如表1–2、表1–3所示。

表1–2 药品采购项目考核评分表

评价内容		配分	考核点及评分细则
职业素养与操作规范分（20分）		10	工作服穿着规范，双手洁净，不染指甲，不留长指甲，不披发
		10	操作完毕后将工具等清理复位，团队协作精神强
作品（80分）	证件	10	审核证件是否齐全
	原印章	10	审核所有证件是否加盖供货单位原印章
	有效期	10	所有证件是否在效期内
	经营范围及经营方式	10	检查经营方式与范围：审核有无超范围经营的行为，是否按照批准的经营方式经营
	核实地址	10	所有证件地址是否一致，与社会信息平台是否一致
	正确填写审批表	10	填写完整正确
	供应商销售人员审核	10	审核证件齐全，供货单位原印章，审核授权范围、地域及期限
	结果判断及处理	10	在规定的时间内操作完毕，操作规范，结果判断正确

表1–3 药品采购项目首营品种审核考核评分表

评价内容		配分	考核点及评分细则
职业素养与操作规范分（20分）		10	工作服穿着规范，双手洁净，不染指甲，不留长指甲，不披发
		10	操作完毕后将工具等清理复位，团队协作精神强
作品（80分）	证件	10	审核证件是否齐全
	原印章	10	审核所有证件是否加盖供货单位原印章
	批准文号有效期	10	正确审核药品批准文号的有效期
	检验报告书	5	正确审核合格检验报告书检品是否在效期内
	注册商标	5	正确审核注册商标批件是否在效期内
	补充批件	20	正确审核药品是否发生变更、是否提供了补充批件，补充批件变更内容是否一致
	填写审批表	10	正确填写审批表包括产品名称、剂型、规格、适应证、禁忌证、不良反应、注意事项、储存条件等信息
	结果判断及处理	10	在规定的时间内操作完毕，操作规范，结果判断正确

【操作规程】

（一）药品采购的前置工作

1.确定供货单位的合法资格

（1）涉及首营企业时，采购员应索取以下资料。

①《药品生产许可证》或者《药品经营许可证》复印件；

②营业执照、税务登记、组织机构代码的证件复印件及上一年度报告公示情况（或证照三合一）；

③《药品生产质量管理规范》认证证书/《药品经营质量管理规范》证书复印件（2019年新药品管理法取消认证制度）；

④相关印章、随货同行单（票）实物样式；

⑤开户户名、开户银行及账号；

⑥质量保证协议。

采购人员对以上资料进行初审：①审核所有证件是否加盖供货单位原印章；②审查是否按照证照批准的经营方式及经营范围经营；③审核证件有效期是否过期、地址是否与证照一致。

（2）采购人员对初审合格的企业信息录入业务系统提出首营申请，并填写《首营企业审批表》（表1–4），连同现有的资料一同交质量管理员。

表1–4　首营企业审批表

<table>
<tr><td>企业名称</td><td colspan="3"></td><td rowspan="2">类别</td><td colspan="2" rowspan="2">药品生产企业□
药品经营企业□</td></tr>
<tr><td>详细地址</td><td colspan="3"></td></tr>
<tr><td></td><td>邮政编码</td><td></td><td>电话号码</td><td></td><td>传　真</td><td></td></tr>
<tr><td rowspan="5">许可证</td><td>许可证名称</td><td></td><td>许可证号</td><td></td><td>企业负责人</td><td></td></tr>
<tr><td>企业名称</td><td colspan="2"></td><td>注册地址</td><td colspan="2"></td></tr>
<tr><td>生产地址</td><td colspan="3"></td><td>分类码</td><td></td></tr>
<tr><td>发证机关</td><td>药品监督管理局</td><td>发证日期</td><td></td><td>有效期至</td><td></td></tr>
<tr><td>生产范围</td><td colspan="5"></td></tr>
<tr><td rowspan="5">营业执照</td><td>企业名称</td><td colspan="2"></td><td>法定代表人</td><td colspan="2"></td></tr>
<tr><td>企业地址</td><td colspan="2"></td><td>注册资金</td><td colspan="2">万元</td></tr>
<tr><td>社会统一信用代码</td><td colspan="2"></td><td>公司类型</td><td colspan="2"></td></tr>
<tr><td>发证机关</td><td>工商行政管理局</td><td>发证日期</td><td></td><td>有效期至</td><td></td></tr>
<tr><td>经营范围</td><td colspan="5"></td></tr>
</table>

续表

年度报告	
采购部意见	签　名：　　　　年　月　日
质量信誉	实地考察结论： 签　名：　　　　年　月　日
审核情况	签　名：　　　　年　月　日
审批意见	□同意作为合格供货方 □不同意作为合格供货方 签　名：　　　　年　月　日

编号：　　　　　　　　　　　　　　　　　　　　填表日期：

（3）质量管理员对供货方资料进行审核，审核内容同初审。

（4）如审核不合格，质量管理员及时将不合格结果及原因通知采购员。采购员不得与其建立业务关系。（系统自动管控）

（5）如审核合格，质量管理员在业务系统中审核通过，再由质量负责人在《首营企业审批表》上签署意见，并在业务系统中审批通过，质量管理员及时将审核结果反馈给采购员。（系统自动管控）

（6）供货方资料及《首营企业审批表》由质量管理员保存并建立首营企业档案。

（7）供货方证照、销售员等如有变更，采购员须及时索要变更后的资料，交质量管理员审核，并在业务系统做好资料更新后存档。

2. 供应商销售人员审核

（1）应索取、核实、留存供货单位销售人员的以下资料。

①加盖供货单位公章原印章的销售人员身份证复印件。

②加盖供货单位公章原印章和法定代表人印章或者签名的授权书，授权书应当载明被授权人姓名、身份证号码，以及授权销售的品种、地域、期限。

（2）填写《供应商销售人员审核表》（表1–5）并附以上资料，经质量负责人审核后，方可进行业务洽谈。

表1–5　供应商销售人员审核表

编号：

供应商单位名称			
销售人员姓名		身份证复印件 □有 □无	身份证号：
手机号		传真号	
销售人员上岗证复印件	□有　□无		证件编号：
授权委托书原件	□有　□无　委托时限：		
委托权限范围			
委托地域			
业务部门意见	负责人：　年　月　日		
审核情况	负责人：　年　月　日		
审批意见	□同意作为合格销售人员　□不同意作为合格销售人员 负责人：　年　月　日		

3. 确定购入药品的合法性　确定所购入药品的合法性，涉及首营品种时采购人员对首营品种（含新品种、新规格、新剂型、新包装）的合法性及质量基本情况等进行审核。

（1）采购人员向供货方索要药品合法性的证明资料，包括法定的质量标准、生产批件、出厂检验报告书、注册商标批件、该品种省级物价部门的价格批件或该企业的药品价格函，以及标签说明书样张、包装盒样式。采购人员向供货方索要证明药品质量信誉的资料，并了解药监部门质量公报公告，包括注册批件和质量标准、包装、标签、说明书等。

（2）采购员对以上资料进行初审　①所有证件是否加盖供货单位原印章。②药品注册批件的药品批准文号是否在有效期内；药品的注册证是否在有效期内；药品的原始注册批件过期的，需提供效期内的再注册批件；若药品的生产企业增加规格，变更剂型，说明书或包装等发生变更，需提供药品补充申请批件；说明书、注册批件及药品标准所标示的规格、功能主治/适应证、用法用量、有效期、储存条件等必须一致，不一致需提供补充申请批件；进口药品需提供《进口药品注册证》《进口药品合格检验报告》或加盖“已抽样”字样的《进口药品通关单》复印件。③质量标准为有效期的试行标准，如过期需提供试行转正通知或转正后的正式标准。④检验报告书必须是符合国家规定有检验资质能力的检验部门出具，且检品批号在效期之内。⑤药品有注册商标的需提供注册商标批件，审核注册商标批件是否在效期内，审核注册商标批件的地址是否与说明书地址一致，如不一致，需提供注册商标变更批件。⑥供货单位为药品生产企业的，包装、标签、说明书需提供实物样张，如为经营企业，可提供复印件样式。

（3）采购人员对初审合格的资料，把信息录入业务系统提出首营申请，填写《首营品种审批表》(表1–6)，并附上以上资料，交质量管理员再审核，审核内容同初审。

（4）质量管理员在业务系统中审核通过，经质量负责人在业务系统中审批通过后，方可采购。

（5）供货方资料及《首营品种审批表》由质量管理员存档。

表1–6　首营品种审批表

编号：　　　　　　　　　　　　　　　　　　　　　　　　填表日期：

<table>
<tr><td>药品名称</td><td>通用名称：
商品名：</td><td>生产企业</td><td colspan="3">名称：
地址：</td></tr>
<tr><td>注册批件号</td><td></td><td>剂型</td><td></td><td>药品分类</td><td></td></tr>
<tr><td>批准文号</td><td></td><td>批准文号有效期</td><td></td><td>药品效期</td><td></td></tr>
<tr><td>药品标准</td><td></td><td>规格</td><td></td><td rowspan="2">包装规格</td><td rowspan="2">每盒装
每瓶装</td></tr>
<tr><td>新药证书号</td><td></td><td>储存条件</td><td></td></tr>
<tr><td>物价批文</td><td></td><td>零售价</td><td></td><td>包装及说明书备案件</td><td>有□
无□</td></tr>
<tr><td>注册商标</td><td colspan="5"></td></tr>
<tr><td>适应证、禁忌证、不良反应、注意事项等</td><td colspan="5">【适应证】
【不良反应】
【注意事项】
【禁忌证】</td></tr>
<tr><td>申请原因</td><td colspan="5">签名：　　　　　　　　日期：</td></tr>
</table>

续表

采购部意见	签名：　　　　　　日期：
审核情况	签名：　　　　　　日期：
审批意见	□同意进货 □不同意进货 签名：　　　　　　日期：

（二）按照药品采购程序采购药品

1.制定采购计划。采购人员依据计算机系统提示的品种目录，根据季节性、国家政策以及企业市场调研等制定药品的采购计划（表1–7）。

表1–7　药品采购计划表

编号：　　　　　　　　年　　第　　季度

序号	通用名称	商品名称	剂型	规格	单位	拟购数量	供货价	金额	生产企业	供货企业	备注

2.采购计划经管采购部经理审核通过后，转为采购订单即药品采购记录（表1–8）。

表1–8　药品采购记录

编号：

序号	购货日期	通用名称	商品名称	剂型	规格	批号	数量	生产厂商	供货单位	批准文号	有效期	进价	业务人员	备注

3.采购部采购员与供货单位接洽联系，确定供货单位。

4.采购部采购员与供货单位签订质量保证协议（图1-1），并交质量管理部归档保存。质量保证协议内容应符合药品GSP第六十五条内容要求。

药品质量保证协议书

甲方（供货）：

乙方：

按《中华人民共和国药品管理法》及《药品经营质量管理规范》的要求，为明确药品经营质量责任，保证药品的安全性、有效性和稳定性，甲乙双方本着平等、合作的原则协商签订《药品质量保证协议》，协议内容如下。

一、甲方责任

1.甲方应具有《企业法人营业执照》《药品经营许可证》及具有履行合同能力的合法企业。

2.甲方应向乙方提供加盖本企业公章的《企业法人营业执照》《药品经营许可证》复印件。

3.甲方向乙方提供的药品必须是甲方所经营的有合法审批手续并符合法定的质量标准和有关质量要求，药品的包装、标识、标签、说明书等应符合国家有关规定。

4.甲方供应进口药品时，应随货提供相应的批号、加盖本企业质量管理机构原印章的《进口药品注册证》（或者《医药产品注册证》复印件、《进口药品批件》复印件）以及《进口药品检验报告书》或注明已抽样并加盖抽样机构原印章的《进口药品通观单》复印件。

5.甲方应严格按运输要求及药品储运条件将药品及时发运到乙方指定地点。

6.对于乙方提供的质量问题以及合理退货要求，甲方应于收到退货请求15日内予以确认并解决。

7.甲方供货应开具符合国家规定的销售清单及发票，发票上的购、销单位名称及金额、品名应当与付款流向及金额、品名一致，并与财务账目内容相对应。

二、乙方责任

1.乙方应具有《企业法人营业执照》《药品经营许可证》或《医疗机构执业许可证》且是具有履行合同能力的合法经营企业或医疗机构。

2.乙方应向甲方提供加盖本企业公章的《企业法人营业执照》《药品经营许可证》或《医疗机构执业许可证》复印件。

3.乙方应具备储存、保管药品的场所、人员及条件。因乙方保管养护不当导致药品变质、过期等质量问题而造成的损失由乙方负责。

4.乙方收到甲方药品后应严格按照法定标准和合同规定的质量条款进行逐批验收，如发现药品缺少、破损应在收到药品（以货到日期为准）3日内通知甲方。

5.乙方在经营甲方提供药品中产生疑问，应及时与甲方联系。双方若有分歧，以法定部门出具的药品质量检验报告为准。

6.乙方要求退换须经甲方确定。非质量问题恕不退货。特例情况双方协商确定。

三、协议说明

1.本协议未尽事由宜由甲、乙双方协商解决。

2.本协议一式两份，甲、乙双方各执一份，由甲、乙双方单位盖章和双方代表签字，即日起生效。

3.本协议有效期至　　年　　月　　日。

甲方（盖章）	乙方（盖章）
甲方代表（签字）	乙方代表（签字）
年　　月　　日	年　　月　　日

图1-1　药品质量保证协议

5.向供货单位开取发票。发票应当列明药品的通用名称、规格、单位、数量、单价、金额等；不能全部列明的，应当附《销售货物或者提供应税劳务清单》，并加盖供货单位发票专用章原印章、注明税票号码。凡未能提供发票的，不准采购。发票上的购、销单位名称及金额、品名应当与付款流向及金额、品名一致，并与财务账目内容相对应，发票按有关规定保存。

6.采购特殊管理药品应从有特殊管理药品生产或经营资质的公司进货，不得现金交易。

7.采购冷藏药品时，与供应商签订质量保证协议，要明确运输方式、保温包装、温度保证及运输责任等事宜。发货前，与供货单位沟通，保证采取正确有效的保温措施，明确到货时间。及时向药品储存人员、质量负责人传递到货信息并跟踪到货情况。

8.质量管理部门会同采购部、销售部等业务部门定期对供货单位与采购药品进行质量评价。（表1–9）

表1–9　药品质量档案表

编号：

<table>
<tr><td colspan="2">药品通用名称</td><td></td><td>商品名称</td><td></td><td>品种类别</td><td></td></tr>
<tr><td colspan="2">汉语拼音或外文名</td><td></td><td>剂型</td><td colspan="3"></td></tr>
<tr><td>规格</td><td colspan="2"></td><td>有效期</td><td></td><td>质量标准</td><td></td></tr>
<tr><td>批准文号</td><td colspan="4"></td><td>储存条件</td><td></td></tr>
<tr><td>生产企业</td><td colspan="4"></td><td>GMP证书号</td><td></td></tr>
<tr><td colspan="2">生产许可证号</td><td></td><td>许可有效期</td><td></td><td>营业执照号</td><td></td></tr>
<tr><td colspan="2">首营企业审批表编号</td><td></td><td>审批日期</td><td></td><td>实地考察人员</td><td></td></tr>
<tr><td colspan="2">首营品种审批表编号</td><td></td><td>审批日期</td><td></td><td>首批进货日期</td><td></td></tr>
<tr><td colspan="2">生产企业联系电话</td><td></td><td>传真</td><td></td><td>E–mail</td><td></td></tr>
<tr><td colspan="2">建档原因及目的</td><td colspan="5"></td></tr>
<tr><td colspan="7">药品包装、标签和说明书规范情况：</td></tr>
<tr><td colspan="7">进货质量评审情况</td></tr>
<tr><td>进货日期</td><td>产品批号</td><td>进货数量</td><td>质量状况</td><td>原因分析</td><td>处理措施</td><td>备注</td></tr>
<tr><td></td><td></td><td></td><td></td><td></td><td></td><td></td></tr>
<tr><td></td><td></td><td></td><td></td><td></td><td></td><td></td></tr>
<tr><td></td><td></td><td></td><td></td><td></td><td></td><td></td></tr>
<tr><td></td><td></td><td></td><td></td><td></td><td></td><td></td></tr>
</table>

【相关知识】

1. 首营企业 是指采购药品时与本企业首次发生供需关系的生产或经营企业。

2. 首营品种 是指本企业首次采购的药品。

3. 应组织实地考察的情况 包括以下几项。

（1）发生过药品质量问题的药品企业；

（2）国家药品监督管理局质量公告上有被公告药品的企业；

（3）有信誉不良记录的企业；

（4）有其他不良行为的。

考察时应重点考察供货企业的质量管理体系是否健全、发生质量问题的原因、是否采取纠正措施、纠正措施是否真实有效。

4. 药品的生产批号

（1）批号 用于识别“批”的一组数字或字母加数字，用以追溯和审查该批药品的生产历史，由企业生产部门编定，一经确定，不得更改。

（2）批号的编码原则 为年—月—流水号，年号为2位或4位数，月份为2位数。如产品批号150104表示该批产品是2015年1月第4批。

实训二　药品收货与验收

工作任务单（表2-1）

表2-1　药品收货与验收工作任务单

序号	岗位	工作任务
01	收货员	按照药品收货的流程进行到货普通药品的收货
02	验收员	将采购的药品进行质量验收，并填写验收记录

【实训目标】

1.能非常流利地描述药品收货验收的要求与内容。

2.能按照药品收货的流程、药品验收的流程进行相应的操作，并做出正确的判断与合理的处理。

3.培养学生认真仔细严谨的工作态度、高度的质量责任以及培养学生的灵活运用能力和判断能力。

【实训准备】

GSP模拟药房等待验场所；各种剂型的药品、相关记录。

【技能操作】

1.将学生分成3~4人一组，分别担任收货员、验收员及质量管理员等角色。

2.根据来货单将购进的药品进行品名、规格、剂型、批准文号、生产企业、供货单位、产品批号、数量的核对。

3.将购进的药品进行药品外在质量的验收，并填写验收记录。

4.考核内容及评分表。评价包括两个方面，总分为100分，其中职业素养与操作规范占该项目总分的20%，操作结果即作品分占该项的80%，职业素养与操作规范及作品分两项均需合格，总成绩评定为合格。具体评分标准如表2-2、表2-3所示。

表2-2　药品收货评分标准

评价内容		配分	考核点
职业素养与操作规范分（20分）		10	工作服穿着规范，双手洁净，不染指甲，不留长指甲，不披发
		10	操作完毕后将工具等清理复位，团队协作精神强
作品（80分）	随货同行单检查	10	检查是否有随货同行单，随货同行单与系统备案的是否一致
	印章检查	10	随货同行单是否加盖出库印章，出库印章与系统备案是否一致
	采购记录核对	10	随货同行单与系统采购记录核对，核对品名、剂型、规格、生产企业、产品批号、有效期至及数量是否一致
	实物核对	20	随货同行单与药品实物核对，核对品名、剂型、规格、生产企业、产品批号、有效期至及数量是否一致
	填写相应记录	10	按照判断结果及处理意见填写相应的记录，完整正确
	结果判断及处理	20	在规定的时间内操作完毕，操作规范，结果判断正确

表2-3　药品验收评分标准

评价内容		配分	考核点
职业素养与操作规范分（20分）		10	工作服穿着规范，双手洁净，不染指甲，不留长指甲，不披发
		10	操作完毕后将工具等清理复位，团队协作精神强
作品（80分）	检验报告书	10	检查是否有该批号的合格检验报告书；检查检验报告书是否加盖质量原印章，检验项目是否完全。
	抽样	5	按照取样原则正确抽样
	外观	10	剂型判断正确，能按照该剂型项下的外观质量要求验收药品的外观质量，是否合格做出正确判断
	包装	10	能正确分清楚内包装和外包装，能按照要求进行验收并做出正确判断
	标签	10	正确区分内标签和外标签，按照《标签说明书的管理规定》进行标签的验收，做出正确判断
	说明书	10	每个基本销售单位均应有说明书，说明书的格式内容符合《标签说明书管理规定》，并做出正确的判断
	证明文件及合格证	5	实施批签发的生物制品、进口药品需提供相关证明文件，整件药品需检查产品合格证，判断是否合格
	填写验收记录	10	填写完整正确
	结果判断及处理	10	在规定的时间内操作完毕，操作规范，结果判断正确

【操作规程】

（一）收货

1.收货的内容

（1）普通药品收货　药品GSP第七十三条规定，药品到货时，收货人员应当核实运输方式是否符合要求，并对照随货同行单（票）和采购记录核对药品，做到票、账、货相符。

随货同行单（票）应当包括供货单位、生产厂商、药品的通用名称、剂型、规格、批号、数量、收货单位、收货地址、发货日期等内容，并加盖供货单位药品出库专用章原印章。

（2）冷链药品收货　药品GSP第七十四条规定，冷藏、冷冻药品到货时，应当对其运输方式及运输过程的温度记录、运输时间等质量控制状况进行重点检查并记录。不符合温度要求的应当拒收。

药品GSP附录四规定，冷藏、冷冻药品到货时，查验冷藏车、车载冷藏箱或保温箱的温度状况，核查并留存运输过程和到货时的温度记录；对未采用规定的冷藏设备运输或温度不符合要求的，应当拒收，同时对药品进行控制管理，做好记录并报质量管理部门处理。

2. 药品收货程序

（1）核查运输方式与购进药品贮藏条件、运输车辆等硬件条件的符合性，检查是否使用约定的运输工具，运输方式是否符合要求；检查运输工具是否密闭封闭。

（2）冷藏药品必须检查冷藏车、车载冷藏箱或保温箱的温度状况，并保留运输过程中到货时的温度记录。运输过程中温度记录和收货温度记录，温度不符的，拒收，报质量管理部，进行控制性管理。

（3）查验供货方发货的凭证、供货单位的随货同行单据，与计算机系统备案的随货同行单进行样张比对；检查随货同行单是否加盖供货单位的出库原印章，与计算机系统备案的出库印章进行比对，随货同行单样张比对、出库印章比对不一致的，应拒收，并报质量管理部。

（4）计算机系统中调取该批药品的采购订单（即采购记录），如无采购订单，应该拒收。

（5）依据随货通行单和采购订单（采购记录），核对到货的药品品名、剂型、规格、批准文号、批号、有效期、数量等信息，做到票、账、货相符。如采购记录与药品实物一致，随货同行单不一致，待处理，报采购部核实，供货单位更改随货同行单；如果随货同行单与药品实物一致，与采购记录数量不一致，待处理，报采购部与供货单位核实，采购部重新做采购。

（6）近效期药品拒收（注：近效期药品每个企业的处理不一致，按照企业文件要求而定）。

（7）包装检查。检查药品外包装是否完好，对出现包装挤压变形、破损、污染、标识不清等情况的药品，应当拒收。

（8）特殊管理药品按照特殊管理药品收货制度进行操作。

（9）根据收货结果及处理填写相应记录（表2–4、2–5、2–6、2–7）。

表2-4　普通采购到货药品收货记录

文件编号：　　　　　　　　　　　　　　　　　　　　　　　　收货日期：

序号	品名剂型	商品名称	规格	生产企业	供货单位	批准文号	产品批号	有效期至	数量	存放库区	备注

收货员：　　　　　　　　　　　　　　　　　　　　　　　　　质量管理员：

表2-5　药品收货验收拒收单

文件编号：

通用名称		商品名称		供货单位	
剂型		规格		数量	
生产单位		产品批号		有效期至	
拒收原因				验收员：	日期：
采购部意见				负责人：	日期：
质管部意见				负责人：	日期：

表2-6　药品收货验收异常处理记录

文件编号：

到货时间				供货单位			
异常情况				处理结果			
签名：				签名：			
品名剂型	规格	生产企业	批准文号	批号	生产日期	有效期至	数量

表2-7　冷链药品收货记录

文件编号：　　　　　　　　　　　　　　　　　　　　　　　　收货日期：

序号	品名剂型	规格	生产企业	批准文号	产品批号	有效期至	数量	存放库区	备注
备注	是否外地：□是　□否 是否有冷链交接单：□是　□否 运输单位： 启运时间： 收货时间：				是否有在途温度：□是　□否 运输工具：□冷藏车　□冷藏箱　□保温箱 发货单位： 启运温度： 收货温度：				

收货员：　　　　　　　　　　　　　　　　　　　　　　　　　质量管理员：

（10）收货人员应当将核对无误的药品放置于相应的待验区内，在随货同行单（票）上签字后，交给验收人员验收。

（二）药品验收

1.检验报告书的检查。验收员检查是否有合格检验报告单，并将合格检验报告单与药品实物核对，品名、剂型、规格与批号一致；检查合格检验报告单上是否有原印章，供货单位为生产企业的，需加盖供货单位质量检验员印章，为经营企业的，需加盖供货单位质量管理员的原印章；检查合格检验单的检验项目是否全面。

2.按照抽样的原则随机抽样。

3.按照药品GSP第七十八条要求，对抽取的药品依次进行药品的外观、包装、标签、说明书的检查。

（1）药品大包装检查。检查包装的封条是否完好、牢固，包装是否完好、渗漏，有无污染，检查外包装的文字内容与储运标识。

（2）开箱，查验整件包装的药品是否有合格证。

（3）从整件包装中上、中、下各取3个销售包装，检查销售包装是否完好、有无渗漏、封签是否牢固，外标签的内容、标识、文字印刷是否符合法规要求，必要时与公司建立的药品质量档案进行对比确认。

（4）对抽取药品进行标签、说明书查验，包括内外标签的内容、标识、文字印刷，说明书的格式、内容、标识以及文字印刷是否符合法规要求，必要时与公司建立的药品质量档案进行对比确认。

（5）按照每个剂型的质量要求对药品的外观性状进行检查。

（6）对药品的证明文件逐一查验，如进口药品的注册证、生物制品批签发等。

4.特殊药品的验收。特殊管理的药品及专管药品必须在专库或者专区内验收，不得在专库或者专区以外进行验收。其目的是加强特殊药品、专管药品的管理，避免出现与其他药品混放和丢失。

通常特殊药品是指需要特殊管理的药品，主要是麻醉药品、精神药品、医疗用毒性药品、放射性药品；专管药品是指蛋白同化制剂、肽类激素、含特殊药品的复方制剂、终止妊娠药品等。特殊药品的包装标签或说明书上应有规定的标识和警示说明，操作时执行双人验收制度。

冷藏药品必须在冷库内验收。

5.验收抽样复原并加封签，即将抽取的完好样品放回原包装，加封并标示。

6. 填写采购药品验收记录，如表2–8所示。

表2–8　采购药品验收记录

编号：

序号	验收日期	通用名称	剂型	规格	到货数量	注册商标	供货企业	批准文号	产品批号	有效期至	生产企业	证明文件	检验报告	包装	标签	说明书	外观	合格数量	验收结论	验收人	备注

（三）入库

入库手续：对验收不合格的药品要拒收，填写药品收货验收拒收单（表2–5），记录内容应包括供货单位、品名、规格、生产企业、拒收原因、拒收数量、质管员签字等内容；验收合格的药品由验收员通过验收确认，生成在库药品库存，填写药品验收入库通知单（表2–9），由专人负责将验收合格药品从待验区域转移至与药品储存相对应的合格区域，库存记录和实货相符。

表2–9　药品验收入库通知单

XXX药品仓库保管组：以下采购/退回药品检查合格，请予办理入库手续。

编号：

序号	通用名称	商品名称	剂型	规格	批号	有效期至	数量	生产企业	供货单位	到货日期	验收日期	备注

【相关知识】

（一）药品验收的依据

包括：法定的质量标准、药品说明书、标签管理规定以及合同规定的质量条款。

（二）药品外观性状验收

按照各剂型项下外观质量要求进行验收，详见表2–10所示。

表2-10　药品质量验收、养护时外观质量检查项目的内容

剂型	类　型	外观质量检查项目
片剂	压制片（素片）	性状（色泽）、明显暗斑（中草药除外）、麻面、黑点、色点、碎片、松片、霉变、飞边、结晶析出、吸潮溶化、虫蛀、异嗅
片剂	包衣片（糖衣片、薄膜衣片、肠溶衣片）	性状（色泽）、花片、黑点、斑点、粘连、裂片、爆烈、掉皮、脱壳、霉变、瘪片（异形片、凹凸不平）、片芯变色变软
胶囊剂	硬胶囊剂	性状（色泽）、褪色、变色、破裂、漏粉、霉变、异嗅、查内容物无结块
胶囊剂	软胶囊剂	性状、胶丸大小均匀、光亮、粘连、粘瓶（振摇即散不算）、破裂、漏油、异嗅、畸形丸、霉变
滴丸剂		性状、胶丸大小均匀、光亮、粘连、粘瓶（振摇即散不算）、破裂、漏油、异嗅、畸形丸、霉变
注射剂	注射用粉针	性状（色泽）、澄清度、粘瓶、吸潮、结块、溶化、色点、色块、黑点、白块、纤维、玻璃屑、封口漏气、铝盖松动
注射剂	冻干型粉针	性状（色泽）、粘瓶、溶化、萎缩、铝盖松动
注射剂	水针剂	性状（色泽）、长霉、白点、白块、玻璃屑、纤维、色点、结晶析出、瓶盖松动、裂纹
滴眼剂	溶液型滴眼剂	性状（色泽）、浑浊、沉淀、结晶析出、长霉、裂瓶、漏药、白点、白块、纤维色点、色块
滴眼剂	混悬型滴眼剂	性状（色泽）、长霉、色点、色块、结块、漏药、胶塞、瓶盖松动、颗粒细度、滴管长度
散剂	散剂	性状（色泽、混合均匀）、溶解、结块、溶化、异物、破漏、霉变、虫蛀
散剂	含结晶水药物的散剂	性状（色泽、混合均匀）、风化、潮解、异物、异嗅、破漏、霉变
颗粒剂		性状（色泽）、结块、潮解、颗粒均匀、异物、异嗅、霉变、软化、破漏、虫蛀
酊水剂	酊剂	性状（色泽）、澄清度、结晶析出、异物、浑浊、沉淀、渗漏
酊水剂	口服溶液剂	性状（色泽）、澄清度、结晶析出、沉淀、异物、异嗅、酸败、渗漏、霉变
酊水剂	口服混悬剂	性状（色泽）、酸败、结块、异嗅、异物、颗粒细微均匀下沉缓慢、渗漏、霉变
酊水剂	口服乳剂	性状（色泽）、异物、异嗅、分层、霉变、渗漏
酊水剂	糖浆剂	性状、澄清度、浑浊、沉淀、结晶析出、异物、异嗅、酸败、产氧、霉变、渗漏
流浸膏剂		性状（色泽）、澄清度、结晶析出、异物、浑浊、沉淀、渗漏
软膏剂	油脂性基质	性状、异物、异嗅、酸败、霉变、漏药
软膏剂	乳剂型基质	性状、异嗅、异物、酸败、分层、霉变、漏药
眼膏剂		除与软膏剂检查一致外，涂于皮肤上无刺激性，无金属异物
气雾剂		性状、异物、漏气、破漏、喷嘴（揿压费力、喷不出或连续喷）
栓剂		性状、霉变、酸败、干裂、软化、变形、走油出汗
膜剂		完整光洁、色泽均匀、厚度一致、受潮、霉变、气泡，压痕均匀易撕开
丸剂	蜜丸、水蜜丸、浓缩丸	性状、圆整均匀、大小蜜丸应细腻滋润、软硬适中、异物、皱皮
丸剂	水丸、糊丸	性状、大小均匀、光圆平整、粗糙纹、异物
橡胶膏剂		性状、药物涂布均匀、透油（透背）、老化、失粘

（三）药品包装的验收

1. 外包装 是否牢固、干燥，封签、封条是否破损；包装箱有无渗液、污损及破损。外包装的文字内容符合要求。

2. 内包装 容器应用合理、清洁、无污破损；封口严密，包装印字清晰、瓶签粘贴牢固。

3. 药品内标签 药品内标签应包含药品的通用名称、适应证或功能主治、规格、用法用量、生产日期、产品批号、有效期、生产企业等内容。因标签尺寸限制无法全部标注上述内容的，应至少标明药品的通用名称、产品批号、有效期、规格等内容。

4. 药品外标签 药品外标签应当注明药品通用名称、成分、性状、适应证或功能主治、规格、用法用量、不良反应、禁忌、注意事项、储藏、生产日期、产品批号、有效期、批准文号、生产企业等内容，适应证或功能主治、用法用量、不良反应、禁忌、注意事项不能全部标注的，应当标注“详见说明书”字样。通用名与商品名单字面积比应大于2：1，与注册商标单字面积比大于4：1，不得选用草书、篆书等不易识别的字体，不得使用斜体、中空阴影等形式对字体进行修饰。横版标签必须在上三分之一范围内显著位置标出；竖版标签必须在右三分之一范围内显著位置标出。字体颜色应当使用黑色或者白色，与相应的浅色或者深色背景形成强烈反差；一般不得分行书写。

5. 说明书 每个销售基本单元必须附有说明书，说明书的内容与格式符合要求。

6. 各包装标识的检查 非处方药、外用药、医疗用毒性药品、精神药品、麻醉药品等有相应的标识（图2-1）。

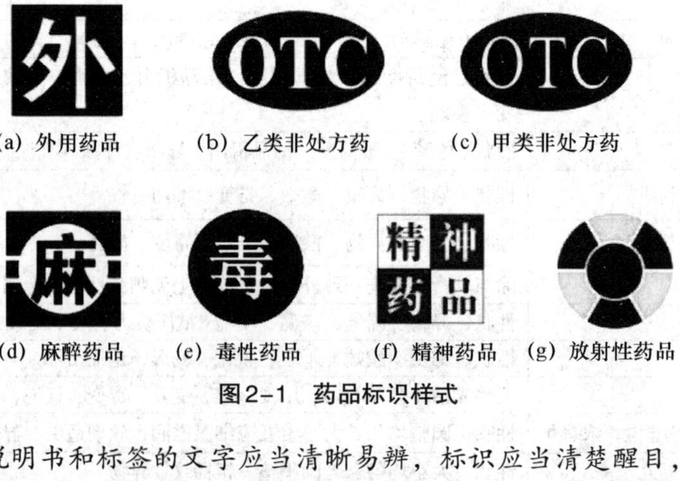

(a) 外用药品 (b) 乙类非处方药 (c) 甲类非处方药

(d) 麻醉药品 (e) 毒性药品 (f) 精神药品 (g) 放射性药品

图2-1 药品标识样式

注：药品说明书和标签的文字应当清晰易辨，标识应当清楚醒目，不得印有暗示疗效、误导使用和不适当宣传产品的文字和标识。

7.产品合格证　药品每个整件包装中应有产品合格证。

8.合格证明文件　实施批签发的生物制品有《生物制品批签发合格证》；进口药品有《进口药品注册证》或《进口药品通关单》和《进口药品合格检验报告书》。

（四）药品验收方法

1.抽样的原则　验收抽取的药品应当具有代表性，即必须保证抽取的样品能准确地反映被验收药品的总体质量状况。

2.抽验的数量

（1）抽取的件数　2件以下应当全部抽样检查；2件以上50件以下抽样检查3件，50件以上每增加50件加取一件，不足50件按50件计算。

（2）抽取最小包装　每件整包装至少抽取3个最小样品验收；发现封口不严、标签污损、有明显重量差异或外观异常时应加倍抽样。

3.抽样的步骤与方法

（1）步骤　计算抽取样品件数，抽取样品。

（2）方法　整件药品按照堆码情况随机抽样检查。从每整件的上、中、下不同位置随机抽样检查至最小包装；每整件药品中至少抽取3个最小包装。对发现被抽取样品存在封口不牢、标签污损、有明显重量差异或外观异常等情况的应加倍抽样检查。对整件药品存在破损、污染、渗液、封条损坏等包装异常以及零货、拼箱的，应开箱检查至最小包装。生产企业有特殊质量控制要求或打开最小包装可能影响药品质量的可不打开最小包装。外包装及封签完整的原料药、实施批签发管理的生物制品可不开箱检查。开启最小包装后不能复原的不能做正常销售。抽样验收完毕，应将抽样检查后的完好样品放回原包装，并在抽样的整件包装上标明抽样标志。特殊管理药品应在专库或专区内双人验收至最小包装。

4.验收结果判定

（1）验收人员按规定验收合格的药品可直接判定合格并签章。

（2）凡判定为不合格的或判定有疑问的，应报质量管理机构确定。

（3）以下情形直接判断为不合格：①未经药品监督管理部门批准生产的；②整件包装中无产品合格证的；③标签说明书的内容不符合药品监督管理部门批准范围、不符合规定、没有规定标志的药品；④购自非法市场或生产企业不合法的；⑤性状外观与合格品有明显差异的；⑥内外包装有明显破损、封口不严的。

实训三　药品储存与养护

工作任务单（表3-1）

表3-1　药品储存与养护工作任务单

序号	岗位	工作任务
01	保管员	根据验收结论、储存条件和药品专库、分类储存的要求，按照计算机系统提示的库位信息，确认药品的库别及货位
02	养护员	对仓库里储存的片剂、胶囊剂、液体制剂、外用药等剂型的药品进行养护
03	养护员	对中药仓库里储存的中药材和中药饮片进行养护

【实训目标】

1. 根据药品的质量特性、储存要求对药品进行正确分类储存管理。

2. 根据药品的储存特性，采取科学、合理、经济、有效的手段和方法进行养护；掌握重点养护品种和对药品作业储存区的管理要求。

3. 熟悉存在质量问题的药品应当采取的措施并能正确填写养护记录及分析养护信息。

4. 培养学生的协作能力、观察能力、计算机操作能力及应用能力。

【实训准备】

片剂、胶囊剂、液体制剂、外用药各种药品盒、中药材和中药饮片；养护记录样表。

【技能操作】

1. 将学生分成2~3人一组，分别担任仓库保管员、养护员和质量管理员等角色进行操作。

2. 根据验收结论、药品的储存条件、药品专库、分类储存的要求，按照计算机系统提示的库位信息，确认药品的货位后进行药品储存，并制定养护计划。

3.对仓库里储存的维生素A软胶囊、维生素E软胶囊、维生素AD滴丸、阿司匹林肠溶片、头孢拉定胶囊、头孢呋辛酯分散片，氨苄西林片、维生素C注射液、枸橼酸铁铵、胃蛋白酶片、复方氨酚烷胺胶囊、硝酸甘油片、罗红霉素眼膏、醋酸地塞米松乳膏等药品按照养护的要求进行养护。

4.对仓库里储存的泽泻、山药、当归、党参、细辛、牡丹皮、薏苡仁、薄荷、甘草、大枣等中药饮片按照中药特点进行养护。（中药专业）

5.填写相关的养护记录及养护档案。

6.考核内容及评分表。评价包括两个方面，总分为100分，其中职业素养与操作规范占该项目总分的20%，操作结果即作品分占该项的80%，职业素养与操作规范及作品分两项均需合格，总成绩评定为合格。具体评分标准如表3-2所示。

表3-2　药品储存与养护评分标准

<table>
<tr><th colspan="2">评价内容</th><th>配分</th><th>考核点</th><th>备注</th></tr>
<tr><td colspan="2" rowspan="2">职业素养与操作规范（20分）</td><td>8</td><td>工作服穿着规范，双手洁净，不染指甲，不留长指甲，不披发</td><td rowspan="2"></td></tr>
<tr><td>12</td><td>操作完毕后将工具等清理复位</td></tr>
<tr><td rowspan="3">作品（80分）</td><td>按GSP原则分区储存</td><td>20</td><td>根据药品的储存条件及GSP分类管理要求，将药品进行分库分类储存</td><td rowspan="3"></td></tr>
<tr><td>按GSP原则进行养护</td><td>40</td><td>对仓库里储存的片剂、胶囊剂、液体制剂、外用药等剂型的药品进行针对性的养护并进行记录</td></tr>
<tr><td>重点养护品种</td><td>20</td><td>遇高温、严寒、雨季、近效期药品或发现药品有质量变化迹象时，由质量管理部组织进行局部或全面检查并进行记录</td></tr>
<tr><td>作品（80分）</td><td>中药材和中药饮片的养护</td><td>80</td><td>按照不同品种养护要求和季节的变化，在养护过程中采取有针对性的合理措施并进行记录</td><td>中药专业</td></tr>
</table>

【操作规程】

（一）药品储存

1.药品验收后，保管员根据“药品验收入库通知单/入库指令”，对照实物确认入库。

2.当发现货与单不符、质量异常、包装破损或不牢、标志模糊等情况，应不予入库并报告质量管理部处理。

3.根据验收结论、储存条件和药品专库、分类储存的要求，按照计算机系统提示的库位信息，确认药品的货位。

（1）根据药品验收结论，确定药品应存放在合格药品库或不合格药品区。

（2）合格药品，根据其贮藏条件确定存放在冷藏（冻）库、阴凉库或常温库。

（3）根据药品专库、分类储存的要求和药品剂型，确定其在相应库房中的储存区域。

①药品与非药品，外用药与其他药品应分开存放，然后按剂型分库储存。

②中药材、中药饮片应分库存放。

③特殊管理药品应专库存放。麻醉药品、第一类精神药品、药品类易制毒化学药品库房必须是防盗门，双人双锁；有报警装置，与公安110联网并24小时网络实时监控。

④品名与包装容易混淆的药品应分开存放；整件药品和零货药品应分开存放。

（4）药品按批号堆码，不同批号的药品不得混垛；垛间距不小于5cm，与库房内墙、顶、温度调控设备及管道等设施间距不小于30cm，与地面间距不小于10cm。

（5）冷库内制冷机组出风口100cm范围内，以及高于冷风机出风口的位置，不得堆放药品。

（6）储存药品应当采取避光、遮光、通风、防潮、防虫、防鼠等措施。

（7）储存药品的货架、托盘等设施设备应当保持清洁，无破损和杂物堆放。

（8）未经批准的人员不得进入储存作业区。

（9）储存作业区域内不得存放与储存管理无关的物品，不得有任何影响药品质量或安全的行为。

（10）在电脑中对验收记录进行入库确认，生成库存。

（二）药品养护

1.药品养护人员应当指导和督促储存人员对药品进行合理储存作业。

2.对药品的分类储存、货垛码放、垛位间距、药品是否倒置、色标管理等工作内容进行巡查，及时纠正发现的问题，确保药品按规定的要求合理储存。

3.检查并改善储存条件、防护措施、卫生环境。

4.对药品储存条件，包括库内温湿度条件、药品储存设备的适宜性、药品避光、防鼠、除湿等措施的有效性、安全消防设施的运行状态、库内的卫生环境等进行检查。

5.对库房温湿度进行有效监测、调控。

（1）每天检查温湿度监测系统中各测点终端实时数据的采集、传送和记录是否正常；检查数据备份情况。

（2）不定期检查报警功能是否正常；检查计算机进行实时数据查询和历史数据查询的功能是否正常，能否自动在计算机中备份。

（3）零售药房对营业场所的温湿度进行有效的监测和管理，每日上、下午应定时对库房的温湿度进行观察，发现营业场所温湿度接近临界值时，应及时采取通风、降温、除湿、保温等措施进行有效调控，并填写温湿度记录表（表3-3）。

表3-3 温湿度记录表

编号： 年 月

<table>
<tr><td>区域</td><td colspan="4"></td><td colspan="9">适宜温度范围： ℃ 适宜相对湿度（RH）范围：35%~75%</td></tr>
<tr><td rowspan="3">日期</td><td colspan="6">上午（9：00~10：00）</td><td colspan="6">下午（3：00~4：00）</td><td rowspan="3">记录人</td></tr>
<tr><td rowspan="2">记录时间</td><td rowspan="2">温度（℃）</td><td rowspan="2">相对湿度（%）</td><td rowspan="2">温湿度超标采取何种养护措施</td><td colspan="2">采取措施后</td><td rowspan="2">记录时间</td><td rowspan="2">温度（℃）</td><td rowspan="2">相对湿度（%）</td><td rowspan="2">温湿度超标取何种养护措施</td><td colspan="2">采取措施后</td></tr>
<tr><td>温度（℃）</td><td>相对湿度（%）</td><td>温度（℃）</td><td>相对湿度（%）</td></tr>
<tr><td>1</td><td></td><td></td><td></td><td></td><td></td><td></td><td></td><td></td><td></td><td></td><td></td><td></td><td></td></tr>
<tr><td>2</td><td></td><td></td><td></td><td></td><td></td><td></td><td></td><td></td><td></td><td></td><td></td><td></td><td></td></tr>
<tr><td>3</td><td></td><td></td><td></td><td></td><td></td><td></td><td></td><td></td><td></td><td></td><td></td><td></td><td></td></tr>
<tr><td>……</td><td></td><td></td><td></td><td></td><td></td><td></td><td></td><td></td><td></td><td></td><td></td><td></td><td></td></tr>
<tr><td>30</td><td></td><td></td><td></td><td></td><td></td><td></td><td></td><td></td><td></td><td></td><td></td><td></td><td></td></tr>
<tr><td>31</td><td></td><td></td><td></td><td></td><td></td><td></td><td></td><td></td><td></td><td></td><td></td><td></td><td></td></tr>
<tr><td colspan="3">月平均温度</td><td colspan="2">月最高温度</td><td colspan="2">月最低温度</td><td colspan="3">月平均相对湿度</td><td colspan="2">月最高相对湿度</td><td colspan="2">月最低相对湿度</td></tr>
<tr><td colspan="3">℃</td><td colspan="2">℃</td><td colspan="2">℃</td><td colspan="3">%</td><td colspan="2">%</td><td colspan="2">%</td></tr>
</table>

6.按照计算机系统生成的养护计划中所列药品清单，对药品的包装或外观等质量状况进行检查，并建立养护记录（表3-4）。对储存条件有特殊要求的或有效期较短的品种应当进行重点养护，对近效期药品要填写近效期药品催销表（表3-5）。

（1）养护人员应对库存药品的质量状况进行循环养护检查。购进药品应在入库后三个月内开始进行第一次养护检查，按季度循环养护检查。

（2）养护检查主要内容包括包装情况、外观性状等，对易变质药品、储存期较长、近效期不足一年等药品，应重点关注。

表3-4 陈列/储存药品质量养护记录

编号： 检查日期： 年 月 日

货号	货位	通用名称	规格	生产企业	批号	有效期至	单位	数量	质量情况	养护措施	处理结果	养护人（签名）

表3-5 近效期药品催销表

编号： 日期： 年 月 日

序号	通用名称	剂型	规格	生产企业	批号	数量	进价	金额	供货企业	有效期至	货位号

（3）当气候条件出现异常变化，遇高温、严寒、雨季或发现药品有质量变化迹象时，由质量部组织进行局部或全面检查。

（4）养护员在养护过程中发现的有质量问题的药品，通知暂停发货并在计算机系统中锁定，并报质量部处理。

（5）中药材和中药饮片的养护 按照不同品种养护要求和季节的变化，在养护过程中应采取有针对性的合理措施。为防止霉变腐败，可采取晾晒、通风、干燥、吸湿、熏蒸、盐渍及冷藏等方法；为防止虫害，可采取曝晒、加热、冷藏、药物熏蒸、抽真空等方法；为防止药性的挥发，可采取密封、降温等方法；为防止变色、泛油，可采取避光、降温等方法。注意养护方法不得污染药品。为避免小包装中药饮片发生质量异常，也应对其采取安全有效的养护措施。委托生产企业养护的，委托企业需对在库中药材和中药饮片进行日常检查，发现有质量异常、包装破损的及时处理。填写中药饮片在库养护记录表（表3-6）。

表3-6 中药饮片在库养护记录表

编号： 养护日期：

序号	中药饮片名称	生产企业	供货企业	进货日期	养护方法	养护设备或材料	养护人员

（6）养护员每年对养护信息进行分析并填写药品养护档案表（表3-7）。分析内容包括：库房内储存品种的结构、数量、批次等项目；养护过程中发现的质量问题及产生原因、比率、改进措施及目标等，以便质量部门和业务部门及时、全面地掌握储存药品的质量信息，合理调节库存药品的数量，保证经营药品符合质量要求。

表3-7　药品养护档案表

编号：　　　　　　　　　　　　　　　　　　　　　　建档日期：

<table>
<tr><td>通用名称</td><td></td><td>商品名称</td><td></td><td>外文名称</td><td></td><td>有效期至</td><td></td></tr>
<tr><td>规格</td><td></td><td>批准文号</td><td></td><td>注册商标</td><td colspan="3"></td></tr>
<tr><td>生产企业</td><td colspan="2"></td><td>地址</td><td colspan="2"></td><td>邮编</td><td></td></tr>
<tr><td>用途</td><td colspan="7"></td></tr>
<tr><td>质量标准</td><td colspan="3"></td><td>检验项目</td><td colspan="3"></td></tr>
<tr><td>性状</td><td colspan="3"></td><td rowspan="3">包装情况</td><td colspan="3">内：</td></tr>
<tr><td rowspan="2">储存条件</td><td rowspan="2" colspan="3"></td><td colspan="3">中：</td></tr>
<tr><td colspan="3">外：　　　　体积：</td></tr>
<tr><td>质量问题摘要</td><td colspan="7"></td></tr>
</table>

【相关知识】

1. 库区温湿度的要求　具体要求见表3-8所示。

表3-8　药品储存各库区温湿度要求及设备要求

<table>
<tr><th>库区名称</th><th>温度要求</th><th>湿度要求</th><th>设施要求</th></tr>
<tr><td>常温库</td><td>10~30℃</td><td rowspan="3">35%~75%</td><td rowspan="2">需有自动调节、监测、记录库房温湿度的设备</td></tr>
<tr><td>阴凉库</td><td>不高于20℃</td></tr>
<tr><td>冷藏库
冷冻库</td><td>冷藏：2~10℃
冷冻：-25~-10℃</td><td>相应的冷库（有备用发电机组或双向回路供电），销售疫苗的应配两个独立冷库，冷库应有自动监测、显示、记录、调控、报警的设备</td></tr>
</table>

2. 仓库的色标要求　合格品区、发货复核区为绿色，不合格品区为红色，待验区、退货区为黄色。

3. 特殊管理的药品　根据《药品管理法》第三十五条的规定，国家对麻醉药品、精神药品、医疗用毒性药品、放射性药品实行特殊管理。具体管理需按照《麻醉药品和精神药品管理条例》《医疗用毒性药品管理办法》《关于切实加强医疗用毒性药品监管的通知》《放射性药品管理办法》实施。另外，根据《药品类易制毒化学品管理办法》《反兴奋剂条例》（国务院令第398号）的有关规定，对药品类易制毒化学品、兴奋剂也应实行一定的特殊管理。因此，狭义的特殊药品，是指麻醉药品、精神药品、毒性药品、放射性药品；广义的特殊药品，则除上面的4类药品外，还包括药品类易制毒化学品、兴奋剂、含特殊药品类复方制剂等。

4. 药品质量特性 药品质量特性的主要内容包括：有效性、安全性、稳定性和均一性。有效性是指药品对某种疾病的治疗特性，是药品存在的重要依据。安全性是指按规定的适应证和用法、用量使用药品后人体产生毒副反应的程度。稳定性是指在规定的条件下保持其有效性和安全性的能力。均一性是指药物制剂的每一单位产品都符合有效性、安全性的规定要求。

5. 药品有效期 是指该药品被批准的使用期限，表示该药品在规定的贮存条件下，药品的有效期能够保证其质量。它是控制药品质量的指标之一。

按照原国家食品药品监督管理局局令第24号《药品说明书和标签管理规定》药品标签中的有效期应当按照年、月、日的顺序标注，年份用四位数字表示，月、日用两位数表示。其具体标注格式为“有效期至XXXX年XX月”或者“有效期至XXXX年XX月XX日”；也可以用数字和其他符号表示为“有效期至XXXX.XX.”或者“有效期至XXXX/XX/XX”等。

预防用生物制品有效期的标注按照原国家食品药品监督管理局批准的注册标准执行，治疗用生物制品有效期的标注自分装日期计算，其他药品有效期的标注自生产日期计算。

有效期若标注到日，应当为起算日期对应年月日的前一天；若标注到月，应当为起算月份对应年月的前1个月。

6. 近效期药品 是指距离药品的有效期一定时间的药品。近效期时限由企业根据实际情况制定，例如某经营企业规定有效期2年以上的（包括2年）规定离有效期不足6个月的药品为近效期药品。

7. 定期盘点 每隔一定的时间间隔对库存物料盘点一次，重点是账物核实，实现药品储存的管理制度化、规范化。

实训四　药品的出库管理

工作任务单（表4-1）

表4-1　药品的出库管理工作任务单

序号	岗位	工作任务
01	发货员	根据销售票据进行清理货物、拼箱发货等工作
02	复核员	进行检查出库药品质量、数量及电子监管码扫码等工作

【实训目标】

1.掌握依据不同情况的出库，其复核的重点有所不同，防止错发。

2.对照销售记录进行复核，通过对出库药品的信息和质量状况的再核对、再确认，以确保出库药品信息准确、质量合格。

3.掌握出库记录表的填写。

4.培养学生的协作能力、观察能力、计算机操作能力、应用能力及责任心。

【实训准备】

片剂、胶囊剂、液体制剂、外用药各种药品盒、中药材和中药饮片；出库复核记录样表。

【技能操作】

1.将学生分为两人一组，抽签决定，一人扮演发货员，另一人扮演复核员。

2.发货员凭有效单证并遵循药品发货原则进行发货。

3.复核员对发货员所发出的货物与出货单进行核对并记录、签名。

4.发货员凭已签章的复核记录发货。

5.发零货，根据所发药品特点及发运要求进行相应的拼箱、包装处理并做好相应的标识。

6. 考核内容及评分表。评价包括两个方面，总分为100分，其中职业素养与规范操作占该项目总分的20%，操作结果即作品分占该项的80%，职业素养与操作规范及作品分两项均需合格，总成绩评定为合格。具体评分标准如表4–2所示。

表4–2　药品的出库评分标准

<table>
<tr><th colspan="2">评价内容</th><th>配分</th><th>考核点</th><th>备注</th></tr>
<tr><td colspan="2" rowspan="2">职业素养与操作规范（20分）</td><td>8</td><td>工作服穿着规范，双手洁净，不染指甲，不留长指甲，不披发</td><td rowspan="2"></td></tr>
<tr><td>12</td><td>操作完毕后将工具等清理复位</td></tr>
<tr><td rowspan="3">作品（80分）</td><td>出库复核</td><td>30</td><td>依据不同情况的出库，复核重点不同，包括销售出库、采购退货出库、报损出库等，杜绝货单不符、不合格药品出库</td><td rowspan="3"></td></tr>
<tr><td>特殊管理药品出库</td><td>20</td><td>复核特殊管理的药品应当严格核对相应的出库指令或销售票据，严防发错、丢失</td></tr>
<tr><td>拼箱发货</td><td>30</td><td>零货药品集中拼装至同一包装箱内发货，加贴“药品拼箱”标识，按照药品的质量特性、储存分类要求、运输温度要求分别装箱</td></tr>
</table>

【操作规程】

1. 药品必须办理完发货、复核手续后方可发出。

2. 药品发货时，应按“先产先出”“近期先出”和按批号发货原则出库。

3. 复核操作流程

（1）备货　药品批发企业（或连锁企业总部）储运部按生成的发货单通知仓库管员备货，发货单应包括：药品通用名称、规格、剂型、批号、有效期、生产厂商、购货单位、销售数量、单价、金额、销售人员。中药饮片发货单应包括：品名、规格、批号、产地、生产厂商、购货单位、销售数量、单价、金额、销售日期、销售人员等。库管员按发货单备货完毕，将药品全部集中在发货区，在发货单上签字后，将药品交给复核员复核。

（2）复核

①复核员必须按药品发货清单逐一核对品种、批号、对实物进行质量检查和数量、项目的核对。

②核对购货单位、品名、剂型、规格、生产企业、批号、有效期、数量等项目。

③核对包装是否完好、有无破损渗漏、标识是否清晰、有无超出有效期的药品。

④整件药品直接封箱。拆零拼箱药品的复核应在拆零拼箱区进行。

⑤按照药品的质量特性、储存分类要求、运输温度要求进行拼箱。

A. 药品与非药品分开、特殊管理药品与普通药品分开、外用药品与其他药品分开、药品液体与固体制剂分开。

B. 冷藏和冷冻药品与其他药品分开，拼箱冷藏、冷冻药品的操作应与药品储存温度要求相一致。

C. 拼箱药品应防止在搬运和运输过程中因摆放松散出现晃动或挤压。

⑥复核无误后拆零药品在拼箱内附随货同行单并加封拼箱标志。

A. 随货通行单内容应包括：供货单位、生产厂商、药品通用名称、剂型、规格、批号、数量、收货单位、收货地址、发货日期、销售金额。

B. 对拼箱用的其他包装箱标识应覆盖或涂改，填写拼箱标签，标明该箱内所拼装的药品。

⑦复核员应及时将药品出库复核信息录入计算机系统，做好出库复核记录（表4-3），记录包括：购货单位、品种、剂型、规格、数量、生产厂商、批号、有效期、出库日期、质量状况和复核人姓名等。记录保存5年，特殊药品记录按照特殊药品管理制度执行。复核员、发货员、送货员在发货单上签字后方可发运。

表4-3　药品销售出库复核记录

编号：

销售日期		品名	剂型	规格	单位	数量	生产企业	生产批号	有效期	购货单位	质量状况	发货人	复核人	备注
月	日													

⑧检查发现问题及处理。对出现药品包装破损、污染、封口不牢、衬垫不实、封条损坏；包装内有异常响动或者液体渗漏；标签脱落、字迹模糊不清或者标识内容与实物不符；药品已超过有效期等情况的药品应当在计算机系统锁定，现场挂“暂停发货”标志，不得发货。同时复核员填写《药品质量复查通知单》，报质量管理部门复查确认。确认为合格的，质管部下发《药品恢复销售通知单》可正常发货；确认不合格的，质量管理部门下发《停售通知单》，应停止发货，放入不合格药品区（库），按不合格药品管理程序执行。

（3）未经复核员复核的出库药品不得发货。

（4）经复核员复核签字的应由复核员承担责任。

4. 药品出库时，应当附加盖企业药品出库专用章原印章的随货通行单。

5. 有直调药品的，应当执行《直调药品管理制度》。

6. 冷冻、冷藏药品装箱、装车等项作业，应当由专人负责并符合以下要求。

（1）车载冷藏箱或保温箱在使用前应达到相应的温度要求。

（2）应当在冷藏的环境下完成冷藏、冷冻药品的装箱、封箱工作。

（3）装车前应当检查冷藏车辆的启动、运行状态，达到规定温度后方可装车。

（4）启运时做好运输记录。

7. 销售部填写药品销售记录（表4-4）。

表4-4　药品销售记录

编号：

销售日期	通用名称	商品名称	剂型	规格	批号	有效期	销售数量	生产企业	购货单位	单价	金额合计	备注

【相关知识】

1. 药品出库　是指库存药品根据出库（发货）指令或销售票据发出药品的过程，包括销售出库、购进退货出库、报损出库等。

2. 拼箱发货　是指将零货药品集中拼装至同一包装箱内发货的方式。

3. 代用包装　是指专用的包装纸箱、标准周转箱、重复使用的其他包装纸箱。

4. 药品出库的原则　药品出库应遵循“先产先出，近期先出”和按批号发货的原则。遵循出库原则时也应遵循商品物流的商业规则，即应考虑客户的需求，但也要做到所发出的药品批号相对集中，尽量减少同一种药品在同一笔发货中的批数，最大限度地为客户提供有效的质量保证。

5. 出库复核的内容　药品出库时，复核人员应对照销售记录对发货实物进行质量检查和数量、项目的核对，核对无误后标明质量，并做好出库复核记录。特殊管理药品在出库时应建立双人验收制度。

出库复核应把握的要点：①整件药品的复核，应注意检查包装的完好性；②拼箱药品应逐品种、逐批号对照销售记录进行复核，复核无误后，在拼箱内附随货同行票据并封箱；③药品拼箱应有醒目的拼箱标记，防止发运错误；④出库复核记录中必须标明质量状况，并有复核人签字。

专家提示

1.含特殊药品复方制剂的管理应建立专门的管理制度和操作规程，专库存放、专人采购、专人收货、专人验收、专人保管、专人销售、专人运输和专账管理，严禁现金交易；批发企业计算机系统必须有相应的销售控制措施，零售企业计算机系统也有相应的销售措施，一次销售不得超过两个最小包装，并登记购买人的身份证号码。

2.蛋白同化制剂及肽类激素管理应建立专门的管理制度和操作规程，实行专人、专账、专柜管理。

3.终止妊娠药品管理应建立专门的管理制度和操作规程，实行专人、专账、专柜管理，并在营业场所悬挂或张贴“终止妊娠药品”销售流程图及警示语。

实训五　零售药房的店面布置

工作任务单（表5-1）

表5-1　零售药房的店面布置工作任务单

序号	岗位	工作任务
01	经理室	按照GSP的要求以及确定的药店风格设计店面

【实训目标】

1.了解药店装潢要求，能根据适用、美观、舒适的原则布置店面。

2.店面布置大方、不显杂乱，体现经营理念与企业风格；店面布置有创意。

【实训准备】

模拟实训室一间、开放式货架若干、柜组若干、中药斗柜、空调（2台）、冷柜（1台）、温湿度计、椅子、POP广告、相关证件、电脑、收银台等。

【技能操作】

1.学生分成4~5人一组，进行角色分工，分别担任项目经理、店长、质量管理员、营业员等角色，并进行任务分工。

2.查阅相关知识与资料，确定本药房的经营理念，给药房取适宜的名字。

3.确定经营规模及经营范围。

4.按要求设计店面，画出平面设计图。

5.考核内容及评分表。评价包括两个方面，总分为100分，其中职业素养与规范操作占该项目总分的20%，操作结果即作品分占该项的80%；职业素养与操作规范及作品分两项均需合格，总成绩评定为合格。具体评分标准如表5-2所示。

表5-2　零售药房店面设计评分标准

评价内容		配分	考核点	备注
职业素养与操作规范（20分）		8	工作服穿着规范，双手洁净，不染指甲，不留长指甲，不披发	
		12	操作完毕后将工具等清理复位	
作品（80分）	药房取名	20	名字新颖、独特，有主题，体现经营理念与药房风格	
	室外装潢	30	室外装潢体现药店经营理念及企业文化，适应环境，吸引顾客，招牌体现统一性、独立性，树立品牌形象	
	室内布局	20	方便使用、美观、舒适，内装潢能有效突出商品特色，最大限度延长顾客流动线，POP应用恰当	

【操作规程】

1.根据经营范围和经营规模确定营业厅的位置和面积，营业场所应整洁，周围无污染物。

2.根据企业的经营范围、经营规模、经营的文化理念进行整体大药房设计，其中应包括阴凉区域和常温区域。常温区域包括：成药制剂区域、中药饮片调剂区域、开架非药品区域。成药制剂区包括处方药区域、开架非处方药区。开架非药品区域包括食品区、保健食品区、医疗器械区等。中药区域符合整体中医风格。整体风格设计应简洁明亮、气息清新，给顾客更好的环境氛围。

3.要有与经营药品规模相适应的货架橱窗，无门货架必须清洁卫生、无积灰，必须有处方药专柜（不得采取开架式的自选方式），非处方药专柜、中药处方调配应有专区，销售柜组标志醒目，应与地面有一定的距离（不小于10厘米）。

4.企业的经营范围有特殊管理药品的必须设置存放特殊管理药品专柜以及保管用设备、工具等。

5.企业根据需要配置符合药品特性要求的常温、阴凉和冷藏存放的设备（如可视冷柜），应配置调节温湿度的设备（如空调、除湿机等）。

6.企业经营中药饮片的，应配置所需的调配处方和临方炮制的设备，如切片机、打粉机、冲筒、戥秤等。

7.企业应在营业店堂显著位置悬挂药品经营许可证、营业执照以及与人员要求相符合的执业证明，销售处方药应悬挂药师（含）以上的职称证件。

8.企业在店堂显著位置张贴“禁止销售蛋白同化制剂、肽类激素（胰岛素除外）”“禁止违法销售终止妊娠药品”“除药品质量外，药品一经销出，不得退换”等警示语。

9.营业店堂内的广告应符合要求，不得进行非法广告。所有店堂内外的药品灯箱广告均参照药品在大众媒体的广告要求，要严格依法进行（处方药不得在大众媒体进行宣传与广告）。

10.企业应在零售场所提供咨询服务，指导顾客安全合理用药。

【相关知识】

（一）药店布局的基本原则

1.药店的营业面积与经营范围、经营规模相适应，并做到宽敞明亮。

（1）宽敞——主通道的距离不少于1.4m。

明亮——能保证医学服务的照明要求。

（2）营业、办公、生活等场所必须分开或隔离。

2.努力吸引顾客进店。要注意以下标牌的悬挂、摆放：①品牌店名及标识。②荣誉牌及服务承诺牌。

3.让顾客进店后能轻松地观察到所陈列的药品，并能最快地找到自己需要的药品。

4.尽量延长顾客在店内的停留时间。如在店堂内合理地设置报刊栏、宣传栏，内容可涉及药品知识、新药信息、用药和保健的方法等，并经常更换内容。

（二）外装潢

零售药店的外装潢要具有特殊风格，要充分体现药店的经营理念和企业文化，并与周围的环境协调一致，与服务的顾客群的需求、喜好、生活方式协调一致。应从外面一眼就能看出本店是提供药品经营服务的，一般可以用透视的大玻璃，让顾客在外就能看到店内装潢、药品的摆设技巧、各类器物甚至营业员的形象、服务态度，发挥外装潢的作用。

（三）招牌设计

店内的招牌主要有正面招牌和侧面招牌。招牌必须鲜明地体现品牌的标志和品牌的名称，色调应绚丽、突出，以对比强烈为原则。

（四）店内布局

药店内布局的总体要求是适用、美观、舒适。

1.顾客流动线的要求　顾客流动线即指顾客进入药店后移动的线路。店堂布局的核心是顾客流动线的设计，成功的设计能最大限度地延长顾客在药店的停留时间。顾客走动多的地方往往利于药品的促销，走得少的地方则为滞销区。购物通道设计应尽可能直而长，尽量减少弯道和隔断，并利用商品的陈列，使顾客不产生疲劳厌烦的感觉，潜意识地延长店内逗留时间。通道宽度一般为1.4~1.8m。

2.柜台设计的基本要求　柜台设计以中等身高为标准，高度与宽度一般掌握在80cm×50cm左右，层次一般为3层，从上到下比例为3∶3∶4。

3.药架设计的基本要求　陈列药架高度与宽度一般为145cm×50cm左右，层次一般为4~5层，第一层稍高些，第二、三层稍矮。

4.店铺出入口设计　一般设置1~2个出入口，以便于人员管理和防窃。出入口一般设计在店门的左侧，宽度为3~6m；设计出入口时要保证店外行人的视线不受到任何阻碍，能够直接看到店内。

5.灯光照明设计　药店的灯光应采用纯白双管日光灯，这样照明度比较均衡；同时双管日光灯还能弥补单管日光灯的死角，而且纯白的灯光能毫无保留地反射出商品的原始色彩。日光灯应安装在购物通道的上方，距离货架的高度约等于购物通道的一半，灯管的排列走向应与货架排列一致，保证能够从正面直射到商品。

6.收银台的设计　药店的收银台应设计在出入口处，可用收银台将出入口分隔成出入通道。

7.POP广告　POP广告即购买地点广告（point of purchase），是指在零售药店店外或店内将广告物以一种方式提示，以唤起顾客购买欲望的方法。

8.堆头的设置　堆头位处于商店的出入通道，是商店人流逗留时间最长的地方，是促销商品的最好区域。堆头可用来作为新商品、库存商品、推广期商品、标志性商品、品牌商品等重点品类的销售促进区域。一般堆头位长不超过1m，宽不超过1.2m，以免造成对顾客视线的阻隔和通道的堵塞。

9.药店的内装潢应该突出商品特色　店内装潢不要采用丰富、鲜艳的色彩，不要让装潢的色调分散顾客的注意力。最好天、地、墙采用反光性、衬托性的白色，给人以整洁、干净、宽敞的感觉。各种标识牌最好以绿色为主调色。

实训六　药品陈列

工作任务单（表6-1）

表6-1　药品陈列工作任务单

序号	岗位	工作任务
01	营业员	将药品按照储存与GSP的要求分类
02	营业员	按照陈列原则和方法将药品陈列上架
03	营业员	中药饮片入斗（中药专业）

【实训目标】

1. 能将药品按照储存要求和GSP的分类要求进行正确分类。

2. 掌握药品陈列的原则和方法，灵活应用陈列技巧将药品陈列上架。

3. 根据斗谱的编排原则将饮片入斗（限中药专业）。

4. 培养学生的协作能力、应用能力及审美情趣。

【实训准备】

模拟实训药店；各种药品盒；货柜、货架、中药药斗柜，中药饮片。

【技能操作】

1. 药品分类　请你根据药品分类陈列原则，在规定时间内依据药品品种、规格、剂型、外用药等标识牌正确、整齐地分类以下50余种药品（每种2~5盒）。

药品品种：马来酸氯苯那敏片、珍珠明目滴眼液、硝酸甘油片、青霉素V钾片、维生素B_2片、硝苯地平缓释片、乌鸡白凤丸、色甘酸钠气雾剂、盐酸异丙嗪片、维生素AD胶丸、阿莫西林胶囊、西咪替丁胶囊、天然维生素E软胶囊、健胃消食片、对乙酰氨基酚片、氨苄西林胶囊、复方丹参滴丸、维生素B_1片、马应龙麝香痔疮膏、阿昔洛韦乳膏、硝酸咪康唑软膏、复方氨酚烷胺片、板蓝根颗粒、红霉素眼膏、抗病毒口服液、枸橼酸喷托维林片、西洋参含片、复方甘草片、头孢氨苄胶囊、奥美拉唑肠溶胶囊、利巴韦林颗粒、茶碱缓释片、双黄连口服液、西瓜霜润喉片、三精牌葡萄糖酸锌口服液、急支糖浆、尼莫地平片、复方醋酸地塞米松乳膏、尼群地平片、碳酸钙 D_3 片、阿司匹林泡腾片、维生素 B_6 片、氨苄西林胶囊、法莫替丁胶囊、葡萄糖酸钙口服液、盐酸苯海拉明片、甲硝唑阴道栓、布洛芬缓释胶囊、洁尔阴洗液、莫匹罗星软膏、头孢拉定片、氯霉素滴眼液。

（1）按照储存要求与GSP原则分类并将以上药品按类填入表6-2。

表6-2　药品按照GSP分类管理要求分类表

按储存要求分类	按GSP原则分类				
		处方药	非处方药	外用药	非药品
	常温				
	阴凉				
	冷柜				
操作人：		年　月　日			

（2）将上列药品再按照功效用药（包括13个小类）填入表6-3，并陈列上架。

表6-3　药品按功效（治疗作用）分类表

按功效（小类）分类	处方药		非处方药	
	抗感染类		解热镇痛类	
	清热解毒类		抗感冒类	
	止咳平喘类		抗过敏类	
	抗糖尿病类		呼吸系统类	
	泌尿排石类		胃肠道类	
	心脑血管类		维生素矿物质类	
	解热镇痛抗炎抗风湿类		儿科用药	
	肝胆消化类		滋补类	
	激素类		五官内服类	
	其他类		五官外用类	
	妇科内服类		妇科内服类	
	妇科外用类		妇科外用类	
	外用药		外用药	
陈列人：		年　月　日		

2.饮片装斗　按要求将所给的100种中药饮片装斗（中药专业），并填写表6-4。

表6-4　中药饮片装斗复核记录

品名	规格	生产厂商	产地	批号	合格证	装斗数量	质量状况	装斗日期	装斗人	复核人

3.考核内容及评分表　评价包括两个方面，总分为100分，其中职业素养与操作规范占该项目总分的20%，操作结果即作品分占该项的80%，职业素养与操作规范及作品分两项均需合格，总成绩评定为合格，具体评分如表6-5所示。

表6-5　药品陈列评分标准

<table>
<tr><th colspan="2">评价内容</th><th>配分</th><th>考核点</th><th>备注</th></tr>
<tr><td colspan="2" rowspan="2">职业素养与操作规范（20分）</td><td>8</td><td>工作服穿着规范，双手洁净，不染指甲，不留长指甲，不披发</td><td rowspan="2"></td></tr>
<tr><td>12</td><td>操作完毕后将工具等清理复位</td></tr>
<tr><td rowspan="3">作品（80分）</td><td>按GSP原则分类</td><td>20</td><td>能正确识别药品、非药品、处方药、非处方药、内服与外用药，并能识别药品包装上的标识</td><td rowspan="3"></td></tr>
<tr><td>按作用类别剂型分类</td><td>40</td><td>依据药品品种、规格、剂型，按照内科用药（包括13个小类）、外用药等标识牌正确、整齐地分类陈列</td></tr>
<tr><td>陈列药品</td><td>20</td><td>在规定时间内完成任务，药品陈列美观整齐，体现药品陈列的原则与方法</td></tr>
<tr><td>作品（80分）</td><td>中药饮片入斗</td><td>80</td><td>能在规定的时间将饮片正确入斗</td><td>中药专业</td></tr>
</table>

【操作规程】

1.药品按照包装标识的温度要求将药品置于相应的地方，即将常温区、阴凉柜、冷柜的药品进行分类。

2.药品与非药品、处方药与非处方药、内服与外用，应分区陈列；中药饮片应设专区单独分开陈列和储存，并有明显标识和警示语、忠告语；然后按照功效小类陈列上架。

3.第二类精神药品、毒性中药品种和罂粟壳不得陈列。

4.拆零药品应集中存放于拆零专柜，并保留原包装的标签。

5.药品按批号和效期先后顺序分开陈列储存，并实行效期储存管理，通过计算机系统自动识别控制并有明显标志，对近效期药品，应按月进行催销。

6.药品摆放应做到整齐、美观，不得有混放、倒置现象，还应有明显标志。

7.类别标签和品种标签位置放置准确，字迹清晰，应写正名正字，按规范填写，无错价错位现象。

8.中药饮片装斗前，应做好质量复核，不得错斗、串斗，防止混药，饮片斗前应写正名正字。

9.对储存有特殊要求的药品，应置于相应的地点，需避光保存的药品不能放置阳光直射处。

10.对不合格药品实行控制性管理，不合格药品不得陈列，应单独存放并有明显标志。

11.药品陈列与储存应与地面有一定距离，药品与地面的间距不少于10cm，药品与墙、屋顶、房梁的间距不少于30cm。

12.凡陈列储存中发现有质量疑问的药品，一律不得上架陈列、销售，并及时通知质量管理人员进行处理。

13.陈列、储存药品的货柜及冷藏柜应保持清洁卫生，定期进行清理，并做好防盗、防水、防潮、防霉、防污染等工作。

【相关知识】

（一）药品分类识别

1.区分药品与非药品的标志：药品批准文号

（1）药品批准文号组成格式　国药准字+1字母+8数字

字母：Z——中药　　H——化学药　　S——生物制品

J——进口药品分包装（进口药品分包装，是指药品已在境外完成最终制剂生产过程，在境内由大包装规格改为小包装规格，或者对已完成内包装的药品进行外包装、放置说明书、粘贴标签等）

8数字：1234——年份　　5678——产品顺序号

2002年换发批准文号时：8位数字，1~2位为原批准文号的来源代码，“10”代表原卫生部批准，“19”“20”代表2002年1月1日以前国家药监管理局批准的药品；其他使用各省行政区划代码前两位数字，为原各省级卫生行政部门批准的药品；3~4为换发批准文号的公元年号，但来源于卫生部和药监部门的仍使用原文号年号的后两位数字，5~8为顺序号。

（2）香港、台湾、澳门生产药品的批准文号　国药准字+1字母+J+8数字。

（3）进口药品批准文号　国药准字+1字母+C+8数字。

2.非药品批准文号

（1）保健食品

①保健食品定义　保健食品是指具有特定保健功能或以补充维生素、矿物质为目的的食品。即适宜于特定人群食用，具有调节机体功能，不以治疗疾病为目的，并且对人体不产生任何急性、亚急性或慢性危害的食品。保健食品具有一般食品的共性即营养性、感官性、安全性外，保健食品还应具功能性，即具有调节机体功能，适于特定人群食用。

②保健食品批文

国产保健食品批准文号格式为：国食健字G+4位年代号+4位顺序号

进口保健食品批准文号格式为：国食健字J+4位年代号+4位顺序号

举例如下：国产保健食品证书：国食健字G20140262

保健食品批文标志（图6-1）：保健食品标志为天蓝色图案，下有保健食品字样，俗称“蓝帽子”。国家工商局和卫生部在日前发出的通知中规定，在影视、报刊、印刷品、店堂、户外广告等可视广告中，保健食品标志所占面积不得小于全部广告面积的1/36。其中报刊、印刷品广告中的保健食品标志，直径不得小于1cm。

图6-1　保健食品标识

（2）普通食品　“一般食品”定义为“可供人类食用或饮用的物质，包括加工食品、半成品和未加工食品，不包括烟草或只作药品用的物质。”食品生产许可证编号由SC（“生产”的汉语拼音字母缩写）和14位阿拉伯数字组成。数字从左至右依次为：

3位食品类别编码、2位省（自治区、直辖市）代码、2位市（地）代码、2位县（区）代码、4位顺序码、1位校验码。

（3）医疗器械的注册证号

①医疗器械的备案号　国家对一类医疗器械实行备案管理制度，批准文号为：×1械备××××2××××3号。其中各项含义解释如下。

×1为备案部门所在地的简称：进口第一类医疗器械为“国”字；境内第一类医疗器械为备案部门所在地省、自治区、直辖市简称加所在地设区的市级行政区域的简称（无相应设区的市级行政区域时，仅为省、自治区、直辖市的简称）。

××××2为备案年份。

如：湘长械备2014 3422号，表示湖南省长沙市食品药品监督管理局2014年备案的流水号为3422号的一类医疗器械；国械备2014 5208号，表示原国家食品药品监督管理总局2014年备案的流水号为5208的进口医疗器械。

②医疗器械的注册证号　国产的二类医疗器械由省级食品药品监督局批准，进口的二类、三类、国产的三类医疗器械由原国家食品药品监督管理总局批准，批准文号为：×1械注×2××××3×4××5××××6。其中各项含义解释如下。

×1为注册审批部门所在地的简称：境内第三类医疗器械、进口第二类、第三类医疗器械为“国”字；境内第二类医疗器械为注册审批部门所在地省、自治区、直辖市简称。

×2为注册形式：“准”字适用于境内医疗器械；“进”字适用于进口医疗器械；“许”字适用于香港、澳门、台湾地区的医疗器械。

××××3为首次注册年份。

×4为产品管理类别。

××5为产品分类编码。

××××6为首次注册流水号。

延续注册的，××××3和××××6数字不变。产品管理类别调整的，应当重新编号。

如：湘械注准2015 2 64 0016，表示湖南省食品药品监督管理局2015年批准的、类别为64（医用辅料）、流水号为0016的国产二类医疗器械；国械注准2014 3 65 0046，表示原国家食品药品监督管理总局2014年批准的、类别为65（医药缝合材料及黏合剂）、流水号为0046的三类国产医疗器械；国械注进2015 2 20 0015，表示原国家食品药品监督管理总局2015年批准的、类别为20（普通诊察器械）、流水号为0015的二类进口医疗器械；国械注许2015 3 65 0038，表示原国家食品药品监督管理总局2015年批准的、类别为65（医药缝合材料及黏合剂）、流水号为0038的港澳台地区生产的三类医疗器械。

（4）消毒用品　消毒产品包括消毒剂、消毒器械、卫生用品、一次性使用医疗用品等四种。其中，消毒剂和消毒器械需要取得批准文号，卫生用品和一次性使用医疗用品不需要取得批准文号。

消毒剂、消毒器械批准文号的格式为：卫消字/卫消进字（年份）第××××号。

（5）化妆品　生产特殊用途化妆品或经营进口的化妆品都必须取得化妆品卫生许可批准文号，特殊用途化妆品文号格式："国妆特字G0000××××"或"卫妆特字（0000）××××号"；进口化妆品文号格式："国妆（或+备）进字J0000××××"或"卫妆（或+备）进字（0000）第××××号"。"国"字号的化妆品由原国家食品药品监督管理总局批准，"卫"字号的化妆品由卫生部批准。

3.非处方药　非处方药不需要凭执业医师或执业助理医师处方即可自行判断、购买和使用。非处方药在美国又称为柜台发售药品，它的英文OTC是over the counter的缩写，指的是那些不需要医生处方就可以自行购买的药品。我国非处方药有"OTC"专有标识，根据非处方药的安全性分为"甲类"和"乙类"。

4.外用药　凡在体表或某些黏膜部位应用的，具有杀虫止痒、消肿散结、化腐排脓、生肌收口、收敛止血的一些药物，称为外用药，有"外"字专有标识。

（二）药品陈列的原则与方法

1.符合GSP分类管理的原则　严格按照GSP分类管理的要求，药品与非药品、处方药与非处方药，外用药与其他药品分开陈列，不得混放；经营二类精神药品的应专柜专人管理，经营医疗用毒性药品和罂粟壳的应专柜、双人、双锁管理，且存放设备坚固不易挪动；经营中药饮片的，有饮片存放的专门场所。

2.不被遮挡的原则

（1）陈列药品的柜组与货架不被遮挡。

（2）所陈列的每个药品均应展示正名正字，不被遮挡，尤其是个别柜组须陈列两排的，后排的药品不被前排挡住。一般同一个药品前后摆放，同一个品名，不同企业生产的相邻摆放，同一个品名同一企业生产的不同规格的相邻摆放。在陈列方法上，上面层次的药品比较适合用推进式与阶梯式，不适合用横摆式与倾斜式。

3.醒目原则

（1）努力争取将店铺最好的陈列位置用于主推产品以及药品利润空间较大产品的销售。如很多药房把保健品、化妆品等非药品摆在顾客进门能看到的位置。

（2）对推销区和特价区的商品陈列要显著、醒目，使顾客明白商品所表达的意思。

4.有效陈列原则

（1）顾客在自然站立时，伸手可及的范围，是约从地板开始60cm到120cm的范围，这个空间就为有效陈列范围。因此，在此空间陈列重点商品是增加销售额的秘诀。反之，60cm以下、120cm以上，是顾客难以接触的空间，大多进行非重点商品的陈列。

（2）上述有效陈列范围中，最容易接触的范围是80cm到100cm的空间，称为黄金带。这个部分用来陈列畅销商品或重点商品、季节商品，以增加目标的销售；在黄金带的上下，一般则用来陈列准重点商品或一般商品。

5.易取易放原则

（1）陈列药品的柜组与货架的高度与深度应调整至适宜，以便于顾客拿取。尤其是非药品和非处方药柜，其高度一般在1.35~1.45m之间，深度在35cm左右。

（2）柜组货架上陈列的每一个药品均需摆放牢固，不能一碰即倒。在陈列药品的时候，药品包装设计比较宽或规格比较方一点的药品适合摆在上面层的架子上，采用立放；相反，药品包装比较瘪的药品盒容易倒比较适合放中间及下面层的架子上，采用横摆或倾斜的方法陈列。

6.联带陈列原则　在做搭配时应充分运用关联销售方法，应注意商品的组合优化，把病症相关的药品摆放在一起。如感冒患者在购买抗感冒药的同时有可能还会购买止咳化痰药或清热解毒药，因此可以把清热解毒类、抗感冒类及呼吸系统内的药品相邻摆放。

7.季节性原则　在不同的季节，易发的病症不同，顾客对药品的需求会不同。如在春季，容易感冒，人们对感冒药的需求会明显增加；在夏天，容易中暑，人们对止渴解暑药的需求明显增加；所以，在不同季节的药品陈列的位置需作出适当的改变，顾客需求量较大的品种摆在顾客容易看到的位置。同时，在搭配设计时要制造出让顾客常看常新的效果，也就是说应当定期对组合陈列作出适当的调整，体现新意。

8.量感原则

（1）量感原则是要让顾客感觉药店的货源充足，品种很丰富，能满足顾客的需求。在陈列时要考虑该类药品的用药人群以及品种数量，综合考虑后选择相应的陈列方式。

对用药人群少、产品种类少的柜组可以增加品种与品种之间的空隙或选择如圆形、金字塔形、阶梯状等方式摆放以增加量感。在适当的时候也可以采用空包装以增加量感。对品种数量多的柜组可选择重叠式的陈列方式以节约空间。

（2）切忌将所有药品堆放某一层，其他层次出现空架。

9.质感原则 本原则以突显产品的质量为主，如贵细药柜可以采用灯光突显的方式，以突现产品的质量。

10.先产先出的原则 陈列药品的时候，应按照药品效期的先后顺序，遵循“先产先出，近期先出和按批号发货”的原则。

（三）中药饮片入斗注意事项

中药饮片的装斗一方面要合理分类布局，使调剂配方操作更方便、更快捷，另一方面又要适于各类饮片的安全储存，有利于“六防”措施的落实。因此，饮片的装斗应根据药材及其炮制品的不同质地与性能选择不同的装斗容器和方法。

1.富含油脂及糖分、黏液汁类的药材不宜装斗，而应采用瓷缸、土陶罐、搪瓷缸（桶）盛装并加盖，如龙眼、柏子仁、桑椹、枸杞、蜜款冬花、蜜紫菀、熟地黄、黄精等，以避免泛油、糖化导致变质。必要时，在高温潮湿季节可进入冷柜在2~10℃条件下保存。

2.贵细中药材切制的饮片不宜装斗，应使用适当的容器密封保存，如西洋参（薄片）、人参（薄片）、冬虫夏草（净制）、西红花等，以避免干枯失水或吸湿变色、生霉。

吸湿性较强的如天竺黄、含盐易风化起霜的如全蝎、芳香易挥发的如冰片等均不宜装斗，必须用容器加盖保存。

3.外用药不得与内服药同贮装斗，应集中陈列，一般存于药柜最下层较冷背阴处或另用容器保存，如硫黄、黄丹、铅粉、铜绿、胆矾等。

4.中药饮片装斗加药前，必须对药斗及容器进行清洁处理，特别是盛装蜜炙饮片的容器，必须对内部粘附的物质彻底清洗，擦拭干净后装药，以避免污染和虫害的滋生。含糖较高及蜜炙饮片若需装斗，应有与木质药斗相隔离的金属或塑料等质地的盒子盛装并加盖。

5.中药用途（功效）分类与方剂的常规配伍相结合。即要求装斗时保持药物用途、功效的临近。有许多中药常相须为用，习称“姊妹”药，是指在临床处方药味的组合中经常配伍、起相互协同作用促进疗效的药物。因此，在装斗布局时，应将这些双双搭配使用的饮片尽可能临近装斗，以便调配称戥。有的炮制规格单一的可同贮一斗，如三棱与莪术均为醋制后切片，即可在一药斗内，里外分格。

6.同物异制（即同一种药材不同的炮制方法如白术、土白术、炒白术）或药名、功效相近的应尽量同斗或相临近，以方便调配。

7.避免性状相似品种或同名异物的中药饮片同斗存放，其中有功效截然不同者，也有功效相近，但安全性不同者；容易造成调配过程的错药，甚至可导致不良后果。

（四）处方药与非处方药分类管理相关规定

从2006年1月1日起，药品分类管理工作必须达到以下要求。

1.麻醉药品、放射性药品、一类精神药品、终止妊娠药品、蛋白同化制剂、肽类激素（胰岛素除外）、药品类易制毒化学品、疫苗以及我国法律法规规定的其他药品零售企业不得经营的药品，在全国范围内药品零售企业不得经营。

2.注射剂、医疗用毒性药品、二类精神药品、上述1.以外其他按兴奋剂管理的药品、精神障碍治疗药（抗精神病、抗焦虑、抗躁狂、抗抑郁药）、抗病毒药（逆转录酶抑制剂和蛋白酶抑制剂）、肿瘤治疗药、含麻醉药品的复方口服溶液和曲马多制剂、未列入非处方药目录的抗菌药和激素，以及原国家食品药品监督管理总局公布的其他必须凭处方销售的药品，在全国范围内做到凭处方销售。

3.其他药品的分类管理实施工作，由各省（区、市）药品监督管理部门根据本地社会和经济的发展情况，以及群众就医用药的实际，提出本地区具体的实施要求。对需要长期使用固定药物控制和治疗的慢性疾病用药，以及急症、急救用药，各地可采取一定措施，在保证群众用药安全的前提下，方便群众用药，促进药品分类管理工作地开展。

实训七　计算机系统的操作

工作任务单（表7-1）

表7-1　计算机系统的操作工作任务单

序号	岗位	工作任务
01	采购员	进行首营企业和首营品种审核并将基础信息录入系统；制定采购计划并上传数据
02	验收员	按照系统提示的信息，将采购的药品按照要求验收并入库，上传数据
03	养护员	根据系统提示对在库商品进行养护、效期检查并上传数据
04	仓库保管员	根据系统提示将合格的药品入库，进行在库商品盘点以及出库的操作
05	收银员	熟练地操作POS机，熟悉键盘的快捷操作

【实训目标】

1. 了解2013版GSP对计算机系统的要求。

2. 熟悉POS机基本构建、硬件组成及相关功能。

3. 熟悉计算机软件的功能及特性，能进行系统软件中每个管理模块的相关设置、信息查询、数据录入、数据修改等操作。

【实训准备】

模拟药店，POS机一台，装有海典医药软件的计算机1~2台。

【技能操作】

1. 将学生分成5个小组，分别担任上述各岗位工作，并设置好权限，每个任务操作结束后交换工作任务。

2. 老师给出首营企业及首营品种资料、在库产品及销售药品的相关信息，各组分别进行相关操作，各组之间需相互协调，按照自己的权限操作。

3. 考核内容及评分表。评价包括两个方面，总分为100分，其中职业素养与操作规范占该项目总分的10%，操作结果即作品分占该项的90%，职业素养与操作规范及作品分两项均需合格，总成绩评定为合格。具体评分标准如表7-2所示。

表7-2　计算机系统的操作评分标准

评价内容		配分	考核点	备注
职业素养与操作规范（10分）		5	工作服穿着规范，双手洁净，不染指甲，不留长指甲，不披发	
		5	操作完毕后将工具等清理复位	
作品（90分）	采购	20	能根据库存提示制定采购计划，进行首营审核及采购熟练操作	
	验收	20	能将采购的药品按照要求验收，入库	
	养护	10	对库存商品进行效期检查	
	仓储	15	对在库商品进行盘点、核对、记账操作	
	收银	25	能熟练操作键盘的快捷操作，将商品迅速录入，收银并打单，收银过程中能做到唱收唱付	

【操作规程】

（一）专人管理计算机系统

计算机系统指定专人管理，不得进行与工作无关的操作。

（二）系统管理员权限

被指定的系统管理人员，依据岗位的质量工作职责，授予相关人员的系统操作权限并设置密码，任何人不得越权、越岗操作。系统管理员有权根据各部门人员配置的变化而收回或更改相关人员的系统操作权限。

（三）药品的采购

1.业务相应人员把拟购药品的厂商、药品资质交质管部门审核，经审核符合规定由质管部门相关人员录入厂商、药品基础信息。

2.业务人员应当依据系统数据库生成采购订单，拒绝出现超出经营方式或经营范围的订单生成；采购订单确认后，系统自动生成采购计划。

3.药品到货时，收货人员根据系统生成的采购计划，对照实物确认相关信息后，方可进行收货；系统录入批号、数量等相关信息后系统打印“入库验收通知单”。

（四）药品的验收

验收人员按规定进行药品质量验收，对照药品实物在系统采购记录的基础上再系统核对药品的批号、生产日期、有效期、到货数量等内容并确认后，通知采购部进行系统审核过账，生成采购记录。

（五）药品的储存养护

1. 系统按照药品的管理类别及储存特性，自动分配储存库区。

2. 系统依据质量管理基础数据和养护制度，对库存药品按期自动生成养护工作计划，养护人员依据养护计划对库存药品进行有序、合理的养护。

3. 系统根据对库存药品有效期的设定自动进行跟踪和控制，由养护员依据系统的提示制作近效期药品催销表。

（六）药品销售

1. 销售药品时，系统应当依据质量管理基础数据及库存记录生成销售订单，系统拒绝无质量管理基础数据或无有效库存数据支持的任何销售订单的生成，拒绝超出经营方式或经营范围销售订单的生成，系统拒绝含特殊药品复方制剂超出数量控制的任何销售订单的生成。销售订单确认后，系统自动生成销售记录，打印《药品销售发货/出库复核单》。

2. 销售员将《药品销售发货/出库复核单》传至仓储部门提示出库及复核。复核员完成出库复核操作后，系统自动生成出库复核记录。

（七）药品退回

1. 药品销后退回

（1）药品退回时保管员及业务员应系统调出原对应的销售、出库复核记录并进行对应，信息无误后销售员填写《药品销售退回通知单》并送各部门签字。

（2）验收员核对退回药品的销售、出库复核记录与退回药品实物信息一致的方可验收，在《销后退回通知单》上签字，并系统确认后生成销后退回验收记录。

（3）系统确认后通知财务部依据以各部门签批的《销售退回通知单》。

（4）退回药品实物与原记录信息不符时，系统应当拒绝药品退回操作。

（5）系统不支持对原始销售数据的任何更改。

2. 采购退货

（1）由业务办理人员填写《采购退回通知单》，经部门负责人、财务部审核同意，签字。

（2）业务办理人员系统制作《采购退回单》，携经财务签字的《采购退回通知单》交至储运部保管员系统确认。

（3）财务部打印系统《采购退回单》，业务部加盖《出库专用章》，保管员凭加盖印章的《采购退回单》实物出库。

（八）有质量疑问的药品控制

系统对经营过程中发现的质量有疑问的药品，应进行以下控制。

1. 各岗位发现质量有疑问药品，应当及时通知质量管理人员。

2. 质量管理人员接到各岗位通知后及时锁定药品，进行质量查询，经查询如不属于质量问题的解除锁定，如为不合格药品系统生成不合格药品记录。

3. 系统对质量不合格药品的处理过程、处理结果进行记录，跟踪处理结果。

（九）其他

系统应当对药品运输的在途时间进行自动跟踪，对有运输时限要求的应当提示、警告相关部门及岗位。系统应当按照《规范》要求，生成药品运输记录。

【相关知识】（以海典医药软件为例）

计算机系统是企业从事药品经营活动和质量管理活动的物质载体，是企业质量管理体系的重要组成部分。企业的计算机系统必须满足药品经营管理活动的全过程控制，能对药品的购储销等质量控制环节进行全面规范管理，能对采购产品合法性、购货单位资质审核、首营企业审核、首营品种审核、销售人员资格审核、收货验收、储存、养护、效期、出库、销售、运输、退回、召回、追溯等过程或行为进行有效管理。实现药品质量可追溯，并满足药品电子监管的实施条件。

（一）进入系统

双击海典软件，输入工号及密码，进入系统（图7–1），界面分为功能框和操作框（图7–2）。

图7–1　进入海典软件系统

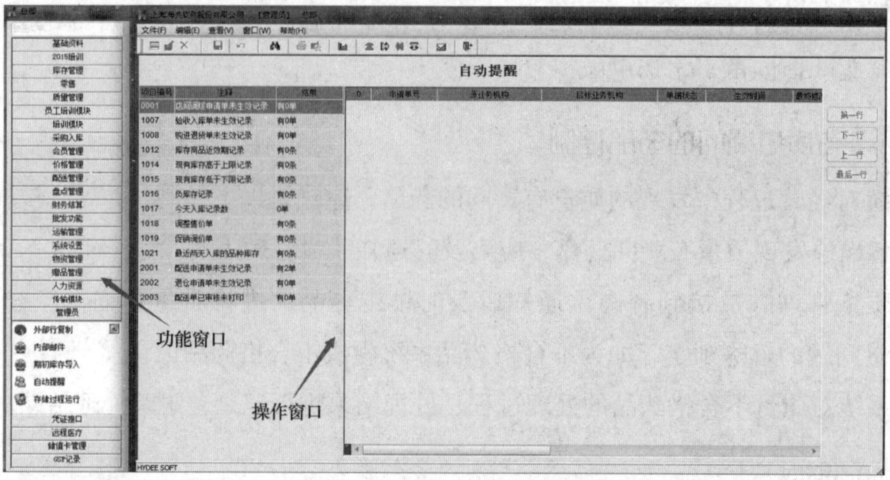

图7-2　进入海典软件操作界面

（二）基础数据的录入

1.商品资料　单击基础数据，打开下拉框，点击商品资料，点击添加，把商品资料中的基本信息（1）、扩展信息（2）、自定义分类（3）、价格信息（4）、货位设置（5）的内容按照提示录入电脑（图7-3）。

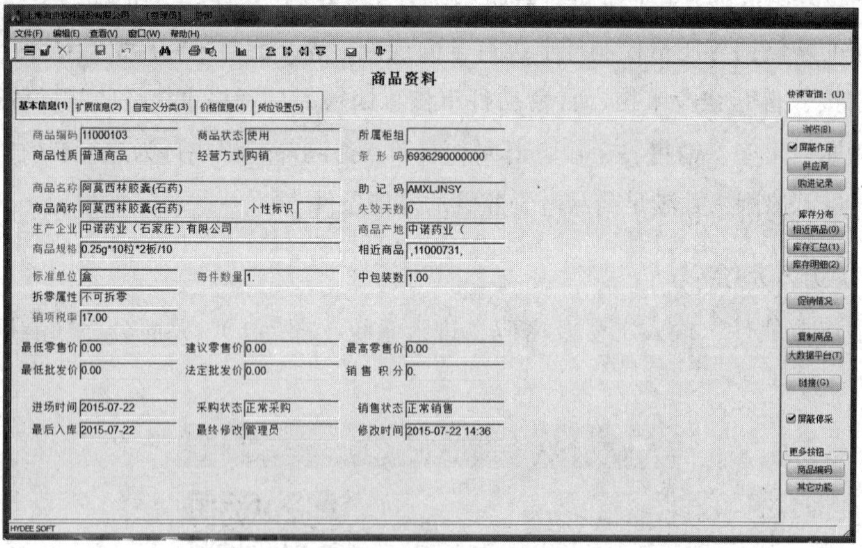

图7-3　商品资料界面

2.供应商资料　点击供应商信息，点击添加，把供应商的信息按照提示录入电脑（图7-4）。

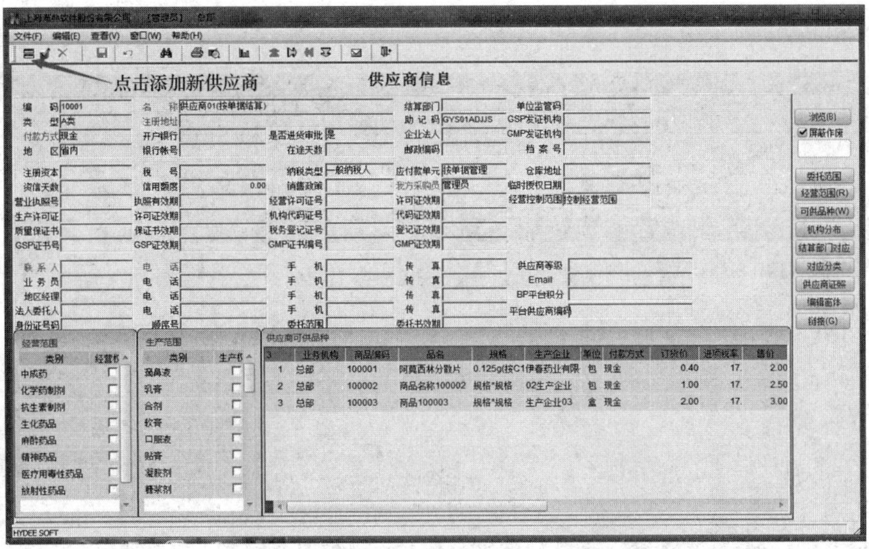

图7-4　供应商信息界面

（三）采购入库

1. 采购计划　根据现有的库存量跟商品的销售情况制定采购计划，采购计划有三种生成方式：补货申请、手工录入、自动生成。

（1）补货申请　点击采购入库，打开下拉框，点击补货申请，点击增添，将需补货商品的相关信息录入，点击转采购计划（图7-5）。

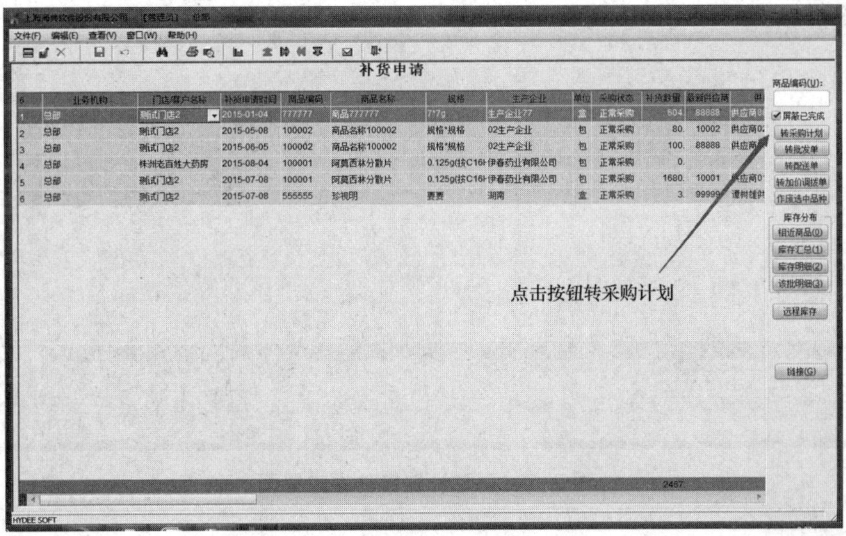

图7-5　采购计划补货申请界面

（2）手工录入　点击采购计划，点击添加，将需采购的信息录入电脑，点击自动生成（如图7–6）。

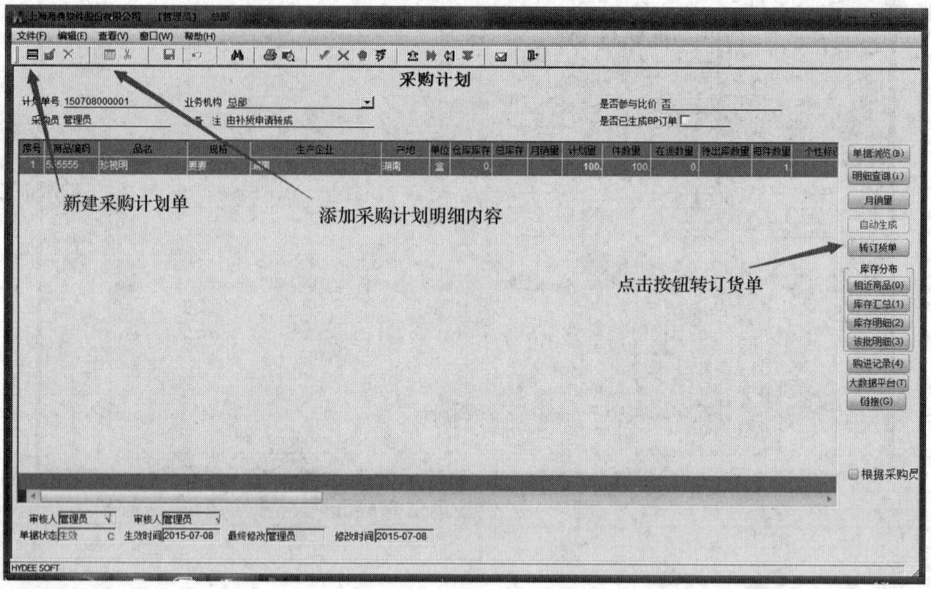

图7–6　采购计划手工录入界面

（3）自动生成　点击采购计划，点击右边小框的自动生成（图7–7）。

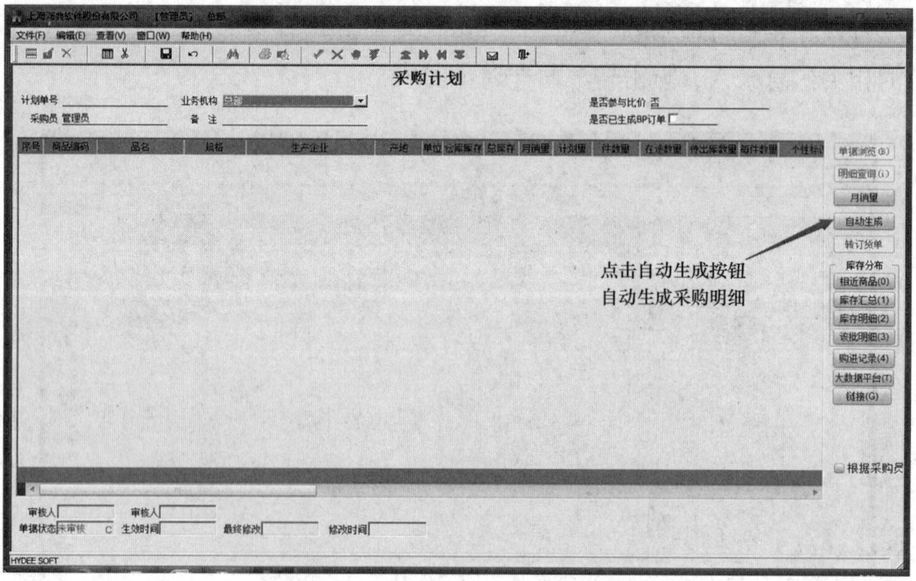

图7–7　采购计划自动生成界面

2. 订货单　点击功能框的订货单，在操作框内把供应商编码或订货单位录入，保存（图7–8）。

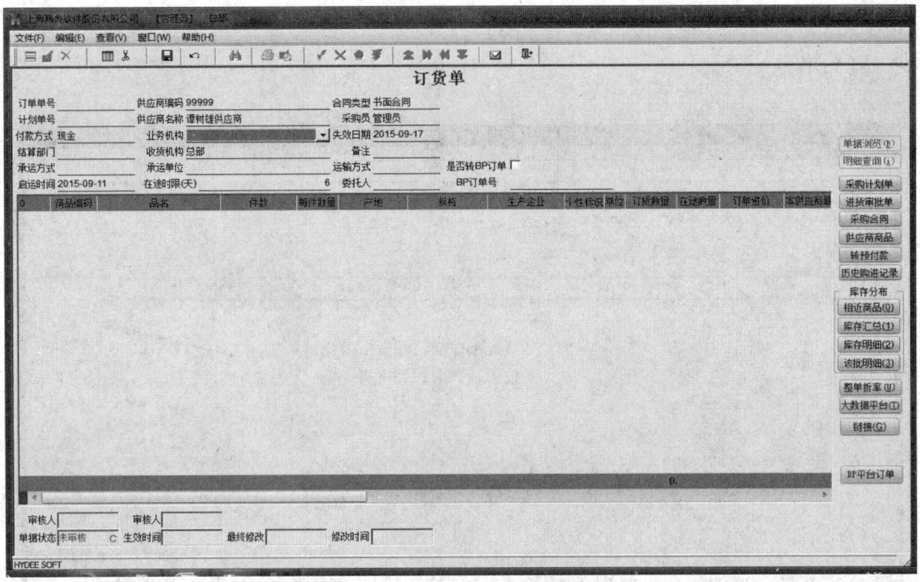

图7–8　订货单界面

3.收货单（到货通知单） 收货单是收货员调取【订货单】数据产生的，是收货人员审核确认收货的单据。单据包含：供应商信息、物流运输信息、商品信息、到货数量等信息（图7–9）。

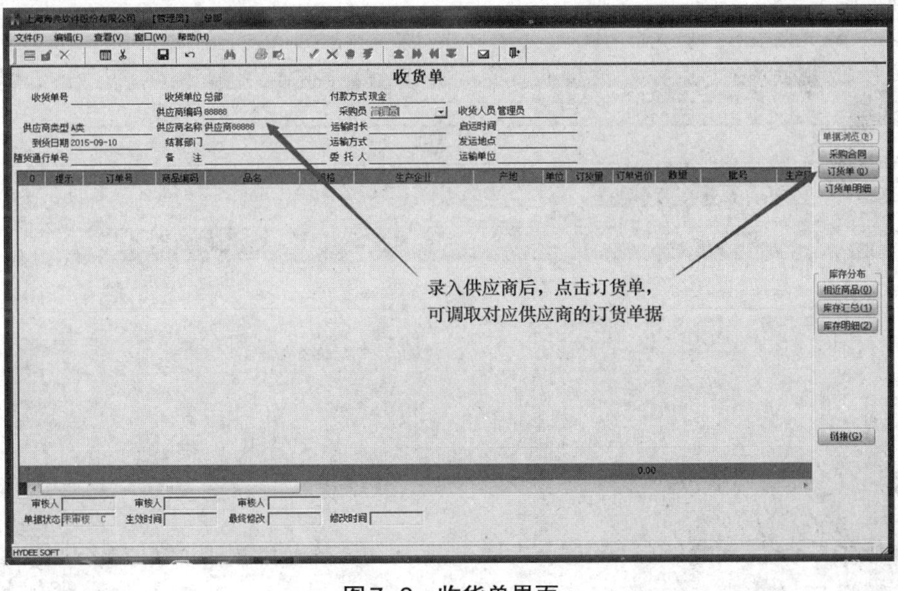

图7–9　收货单界面

4.验收单（验收申请单） 验收单是通过验收员调取【收货单】产生的，并且由验收员填写相关的验收信息，其中包括：运输储存条件，外观是否合格，包装是否合格，相关证照文件是否齐全，以及药品批号、有效期、生产日 期、抽检数量、拒收数量、数量等（图7–10）。

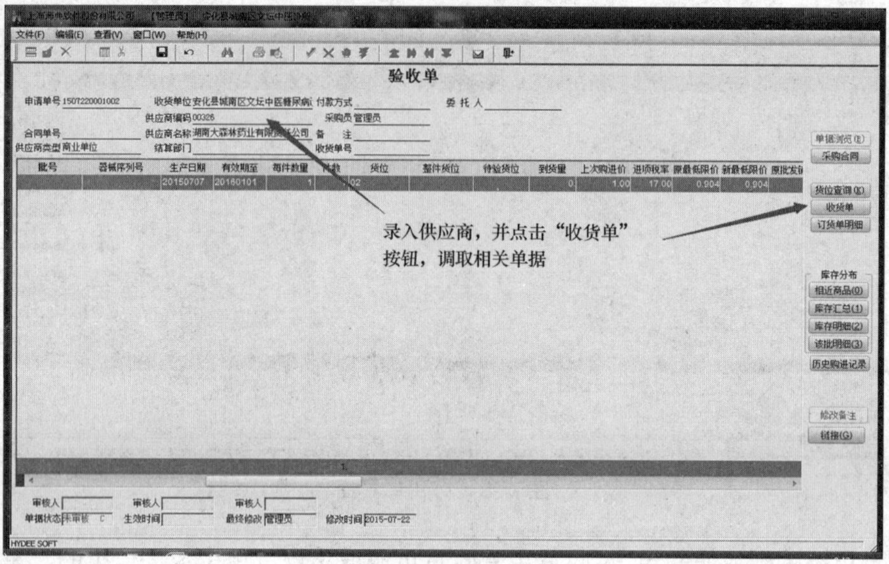

图7–10　验收单界面

5. 双人验收单　有需要双人验收品种必须做双人验收，确认合格后方可入库（图7–11）。

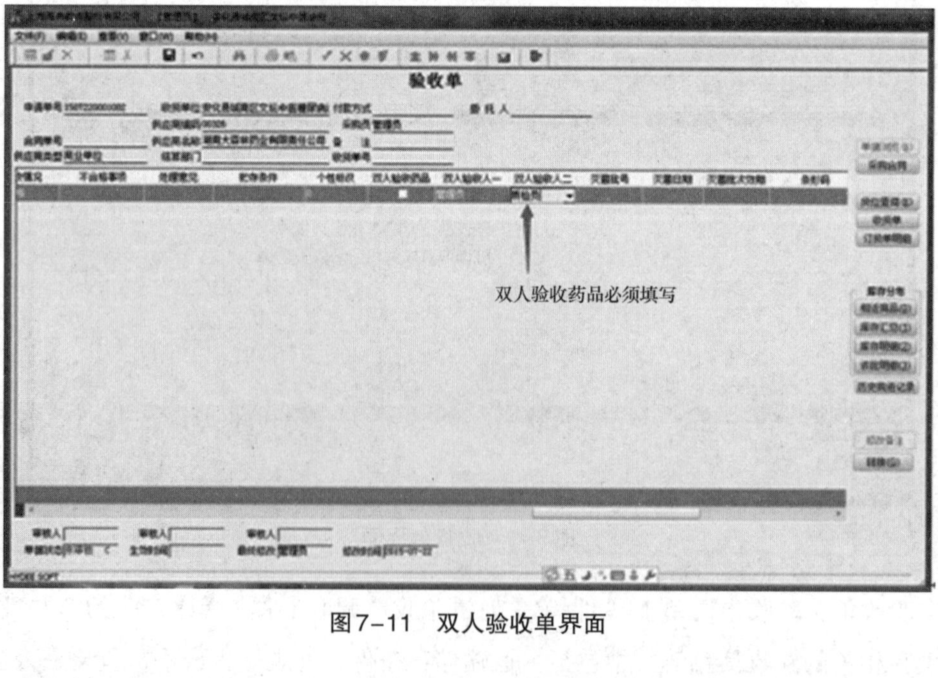

图7–11　双人验收单界面

6.**入库单**　即验收入库单，见图7–12。

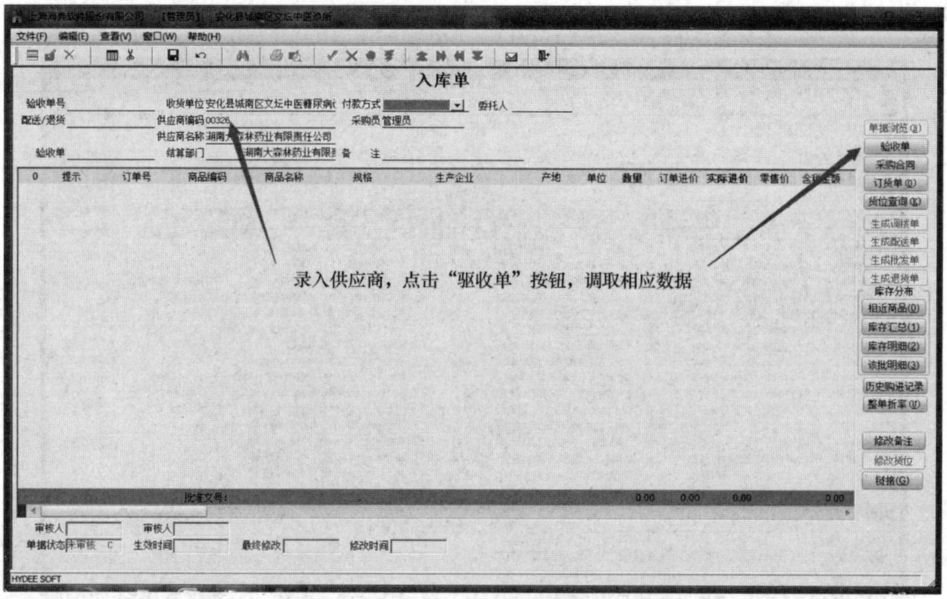

图7–12　入库单界面

（四）配送、退仓及门店收货流程

1.**配送申请单**　门店需要配送中心配送某商品时就可以通过【配送申请单】制作计划订单。【配送申请单】也可以由系统自动生成初稿，申请人修改审核后形成计划订单（图7–13）。

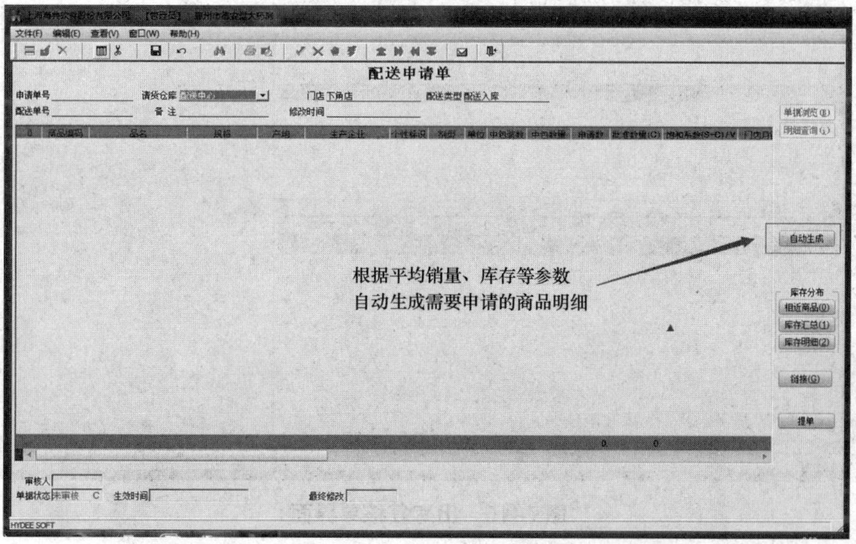

图7–13　配送申请单界面

2. 配送单　配送单是总部或配送中心为将商品发往某个门店所制作的随货同行单据（图7–14）。

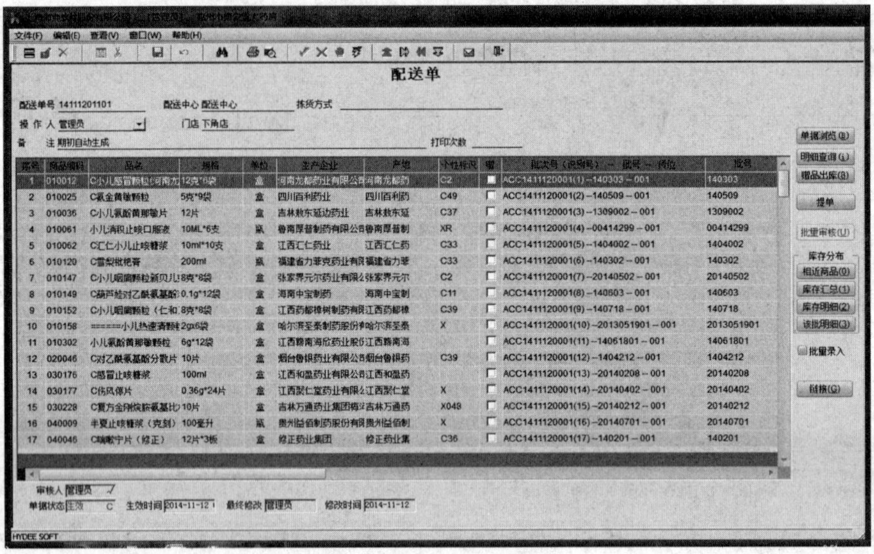

图7–14　配送单界面

3. 出库复核单　出库复核是总部或配送中心把将要发往某个门店商品的数量、批号、效期及其他质量相关的内容进行复核验证（图7–15）。

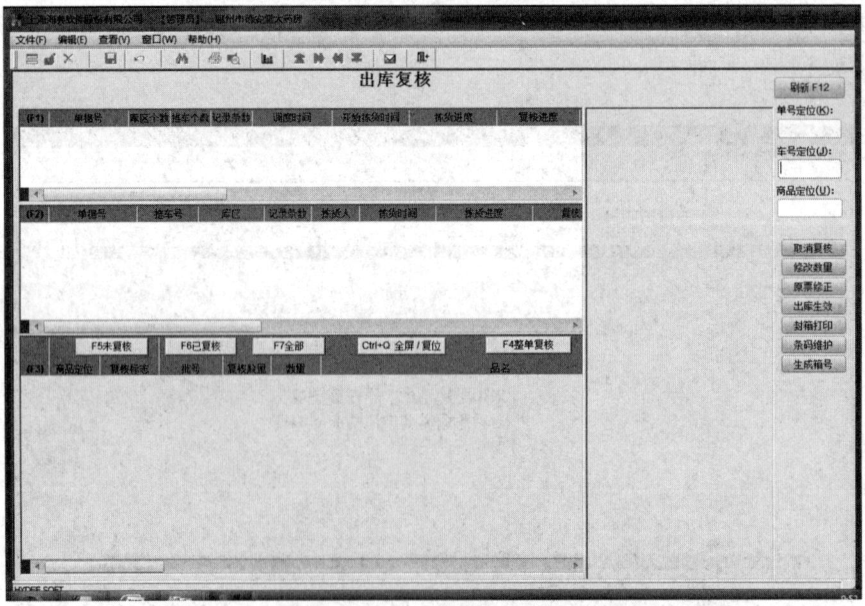

图7–15　出库复核单界面

4. 双人复核单　特殊药品需要双人复核的，必须做双人复核才可以出库。

5.门店收货单　门店接收到店商品以后，根据随货同行联收货；否则，可以进行拒收（图7-16）。

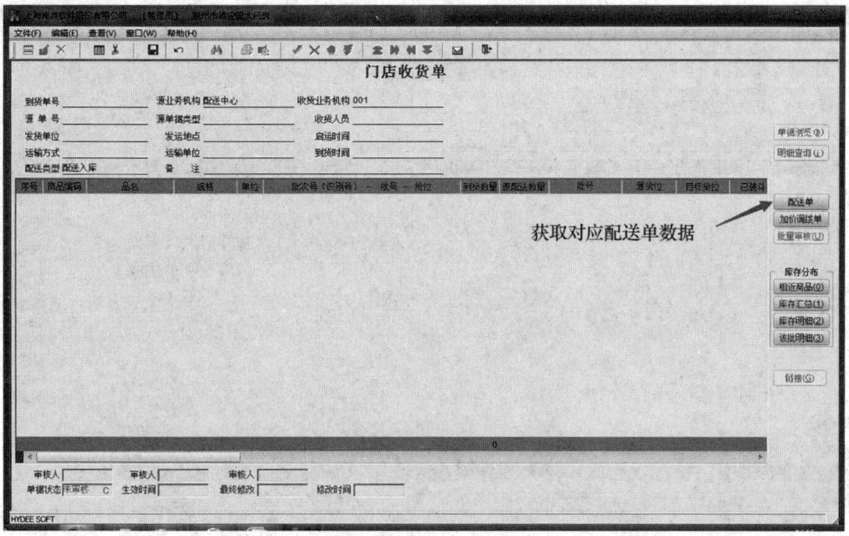

图7-16　门店收货单界面

6.门店验收单　门店根据收货单，进行商品验收单的填写；否则，可以进行拒收（图7-17）。

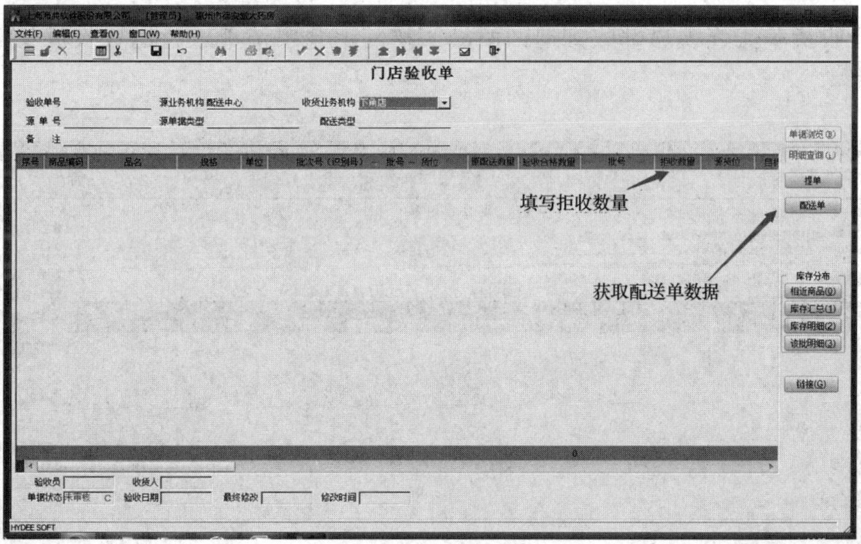

图7-17　门店验收单界面

7.双人验收单　有需要双人验收品种的必须做双人验收，确认合格后方可入库。

8.中药清斗单　门店验收确认单中如含有中药材配送，需先行在门店清斗记录单中进行清斗操作。如是第一次配送则不需要清斗，清斗记录可以调用以前的装斗记录来进行清斗操作（图7–18）。

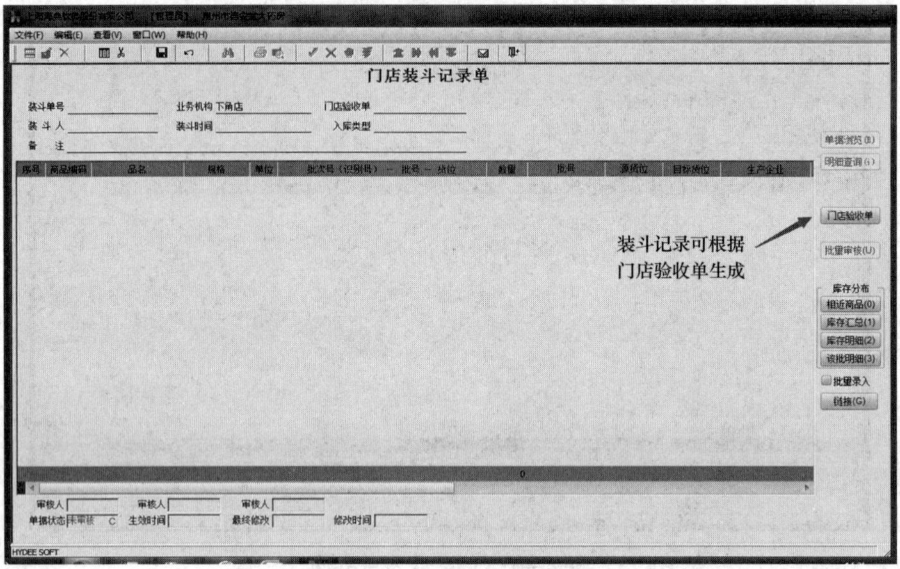

图7–18　门店装斗记录单界面

9.退仓申请单　门店发现有商品需要退仓，就可以通过【退仓申请单】向配送中心申请（图7–19）。

退仓收货单　连锁总部收到退回商品实物与退仓申请单进行退货收货及制作退仓收货单。

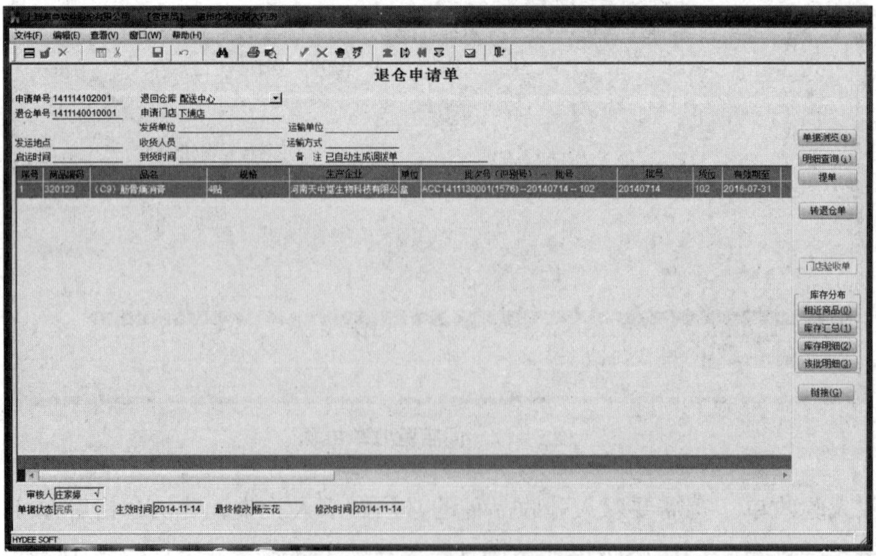

图7–19　退仓申请单界面

（五）销售

零售操作时应点击左功能框零售录入，右操作框提示录入日期，核对日期是否正确，如正确，点击是（图7–20）。

图7–20　零售操作框界面

1.在商品编码录入框录入商品的编码，再点击数量或右边数字键上的“/”快捷键，把销售数量录入（图7–21）。

图7–21　零售商品操作界面

2.把所有销售商品的信息全部录入以后，点击收款或右边数字键上的“*”快捷键，选择收款方式及金额（图7–22）。

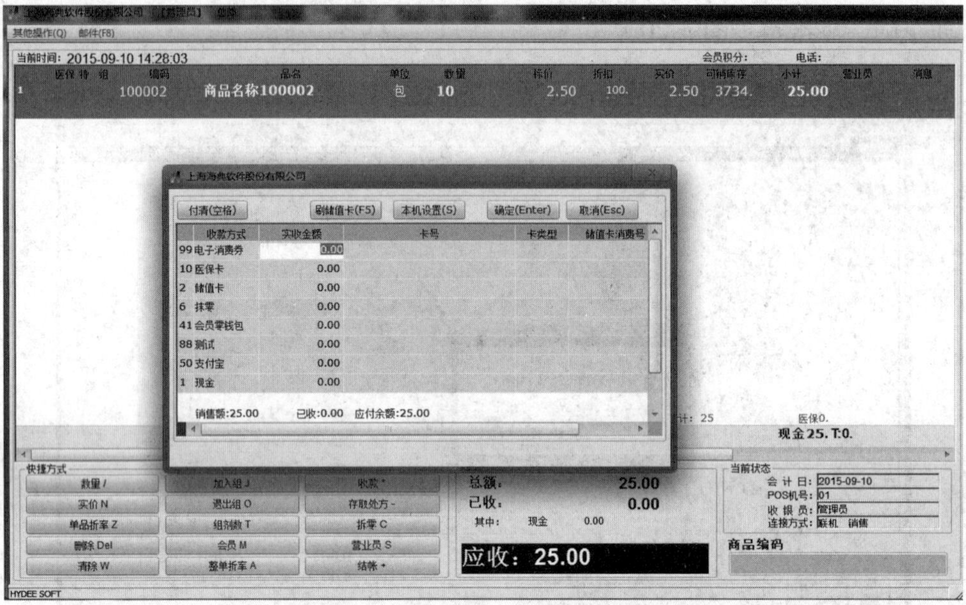

图7–22 零售收款操作界面

3.再点击结账或点击右边数字键“+”键（图7–23）。

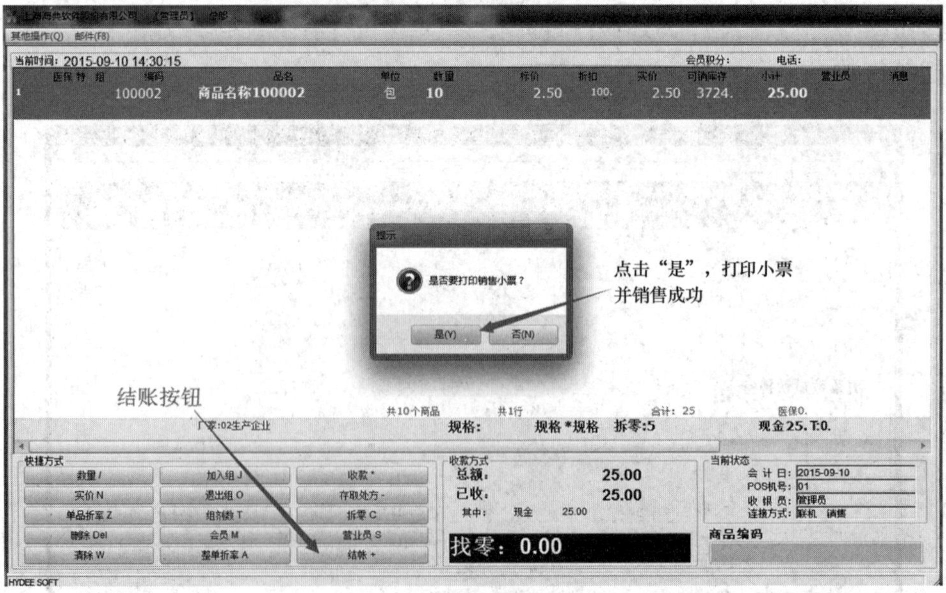

图7–23 零售结账操作界面

实训八　药品经营企业的经济核算

工作任务单（表8-1）

表8-1　药品经营企业经济核算工作任务单

序号	岗位	工作任务
01	仓储部	对在库商品进行收购盘点
02	财务部	根据所给材料进行相关指标的核算

【实训目标】

1. 了解药品经营企业经济核算的内容组成。

2. 掌握盘点步骤，会填写盘存表、实存账存对照表、盘点溢缺表。

3. 掌握并熟练运用药品经营企业销售过程商品核算的主要指标。

【实训准备】

模拟药店在库药品、多张盘存表、实存账存对照表、盘点溢缺报告单，纸、笔、计算器、教师给题。

【技能操作】

1. 学生分成4~5人一组。

2. 请对库存商品进行收购盘点。

3. 请根据给出的药品生产、销售和管理的相关数据分析下列药品为企业创造的年纯利润（利用提供的条件，计算出销售收入、制造成本、期间费用、国家税金、企业所得税和企业纯利润）。

例如，六味地黄丸是某企业销售的品种之一，年销售量为480万盒，单位采购成本为5元/盒，销售费用为2元/盒，管理费用分摊为1元/盒，财务费用为0.5元/盒，不含税单位零售价为13.8元/盒，企业应交税金税负率为10%，所得税税率为25%。

根据以上数据进行分析，可计算该产品的销售收入、销售税金、采购成本、期间费用总额、企业所得税及为企业创造的年纯利润。

4.考核内容及评分表。评价包括两个方面，总分为100分，其中职业素养与规范操作占该项目总分的30%，操作结果即作品分占该项的70%，职业素养与操作规范及作品分两项均需合格，总成绩评定为合格。具体评分标准如表8-2所示。

表8-2　药品经营企业经济核算评分标准

评价内容		配分	考核点	备注
职业素养与操作规范（30分）		20	工作服穿着规范，双手洁净，不染指甲，不留长指甲，不披发	
		10	操作完毕后将工具等清理复位	
作品（70分）	手工盘点	30	按照盘点流程和盘点的要求进行库存药品盘点，并填写相关表格	
	经济指标核算	40	能正确进行量本利分析和库存分析	

【操作规程】

（一）库存手工盘点

1.盘点前准备　盘点前除应把握营运部所确立的盘点基础工作规范外，还必须做好盘点前的准备工作，以使盘点作业能顺利进行。盘点准备工作包括以下几项。

（1）人员准备　由于盘点作业必须动用大批人力，通常盘点当日应停止任何休假，并于一周前安排好出勤计划。

（2）环境整理　环境整理工作一般应在盘点前一日做好，包括：检查商场各个区位的商品陈列及仓库存货的位置和编号是否与盘点配置图一致；整理货架上的商品；清除不良品，并装箱标示和做账面记录；清除卖场及作业场死角；将各项设备、备品及工具存放整齐。

（3）准备好盘点工具　若使用收银机盘点，须先检查收银机是否可正常操作；如采用人员填写方式，则须准备盘点表（表8-3）及红、蓝色圆珠笔。

表8-3　____月份药房药品盘点表

编码：　　　　　　　　　　　　　　　　　　　　　　　填报日期：

实际盘点数	品名剂型	规格	产品批号	上期结存	本期收入	本期其他收入	本期支出	本期其他支出	报损	本期结存	销价	金额

（4）告之顾客　盘点若在营业中进行，可通过广播来告之顾客；若采用停业盘点，则最好在三天前以广播及公告方式通知顾客。

（5）盘点前指导　盘点前一日最好对盘点人员进行必要的指导，如盘点要求、盘点常犯错误及异常情况的处理办法等。

（6）盘点工作分派　在进行盘点工作时，商品管理人员不宜自行盘点，但由于品项繁多，差异性大，不熟识商品的人员进行盘点难免会出现差错，所以在初盘时，最好还是由管理该类商品的从业人员来实施盘点，然后再由后勤人员及部门主管进行交叉的复盘及抽盘工作。

（7）单据整理　为了尽快获得盘点结果（盘损或盘盈），盘点前应将进货单据、进货退回单据、变价单据、销货单据、报废品单据、赠品单据、移库商品单据及前期盘点单据等整理好并让信息部入账。

2.盘点中作业　盘点中作业可分为三种，即初点作业、复点作业和抽点作业。

（1）初点作业应注意　先点仓库、冷冻库、冷藏库，后点卖场；要依序由左而右，由上而下进行盘点；每一台货架或冷冻库都应视为一个独立的盘点单元，使用单独的盘点表，以利按盘点配置图进行统计整理。仓库盘点，最好两人一组进行盘点，一人点，一人记；盘点单上的数据应填写清楚，以免混淆；卖场盘点时要注意盘点商品与商品价签、盘点卡相对应，以防串货，不同特性商品的盘点应注意计量单位的不同；盘点时应顺便观察商品的有效期，过期商品应随即取下，并作记录。店长要掌握盘点进度，做好收银机处理工作。

（2）复点作业应注意　仓库复点可在初点进行一段时间后再进行，复点人员应手持初点的盘点表，依序检查，把差异填入差异栏；复点人员须用红色圆珠笔填表；复点时应再次核对盘点配置图是否与现场实际情况一致；卖场复点时要注意价签要与商品相一致；复点与初点有差异时，要及时处理。

（3）抽点作业应注意　抽点办法可参照复点办法。抽点的商品可选择卖场内死角，或不易清点的商品，或单价高、金额大的商品；对初点与复点差异较大的商品要加以实地确认。

3.盘点后处理

（1）资料整理。将盘点表全部收回，检查是否有签名，并加以汇总。

（2）计算盘点结果。在营业中应考虑盘点中所出售的商品金额。

（3）根据盘点中出现的问题要实施奖惩措施，每人次出现一次错误，可处以罚款10元的处罚。

（4）根据盘点结果找出问题点，并提出改善对策。

（5）做好盘点的财务会计账务处理工作，按赔偿规定进行处罚。

（6）填写药房药品盘点表（表8-3）、药店盘点溢缺表（表8-4）。

表8-4　____月份药店盘点溢缺表

编码：　　　　　　　　　　　　　　　　　　　　　　　　　　填表日期：

序号	品名剂型	规格	生产企业	产品批号	库存数	实际盘点数	盈亏数	单价	盈亏金额	备注

（二）经济指标核算

1. 销售收入=销售数量×产品单价

2. 销售税金=销售收入×企业应交税金税负

3. 采购成本=采购数量×单位采购成本

4. 期间费用=销售费用+管理费用+财务费用

5. 企业利润=销售收入-销售税金-采购成本-期间费用

6. 企业所得税=企业利润×所得税税率

7. 企业年纯利润=企业利润-企业所得税

【相关知识】

（一）盘点种类

1. 按时间划分

（1）定期盘点　又分为三种形式：是按制度规定进行的月终、季末或年底的盘点。

（2）按批次盘　即按药品进货批次，销完一批盘点一次。

（3）临时盘点　如因药价变动、实物负责人工作调动、药品保管发生变故或突击抽查等情况下进行。

2. 按方式划分　可分为关门盘点和不关门盘点。

3. 按范围分　可分为全面盘点和部分盘点。

（二）盘点要求

药品盘点是一项细致工作，既有时间要求，又有质量要求。对药品盘点基本要求是：盘点清、数字准、情况明、速度快。

（1）加强日常管理　药品陈列、摆放、存放要有固定货位，保持同类药品规格的连续性，避免混乱；做好药品进出登记手续。

（2）做好盘点前准备工作　为了加快盘点工作，必须事先做好准备工作。一要整理好所有单据、凭证、票证，并与会计核对好账目；二要进行药品分类归档；三要暂停仓库提货；四要准备好度量衡器具；五要准备好盘存表，表上有些栏目应事先填好。

（三）销售收入

销售收入是指销售商品产品、自制半成品或提供劳务等收到的货款，劳务价款或取得索取价款凭证确认的收入。其公式为：销售收入＝产品销售数量×产品单价。

（四）销售税金

销售税金是指企业按税法规定的税率缴纳的各种利前税，税金具有法令性，它是劳动者为社会创造的价值的货币表现，是国家财政收入的来源。

（五）期间费用

期间费用是指产品从生产领域到消费领域转移过程中所耗费的物化劳动和劳动的货币表现，它包括销售费用、管理费用、财务费用等；其中销售费用对于药品价格的影响最大，主要包括广告宣传费用、运杂费用、调研费用、营业推广费用、销售人员工资奖金等。

（六）企业利润

企业的营业利润是指销售收入减去营业成本和费用（包括采购成本、期间费用），再减去销售收入应负担的税金后的数额。

（七）企业所得税

企业所得税是对我国内资企业和经营单位的生产经营所得和其他所得征收的一种税。纳税人范围比公司所得税大。企业所得税纳税人即所有实行独立经济核算的中华人民共和国境内的内资企业或其他组织，包括国有企业、集体企业、私营企业、联营企业、股份制企业、有生产经营所得和其他所得的其他组织这6类。企业所得税的征税对象是纳税人取得的所得，包括销售货物所得、提供劳务所得、转让财产所得、股息红利所得、利息所得、租金所得、特许权使用费所得、接受捐赠所得和其他所得。我国现行的《所得税法》中规定一般企业所得税的税率为25%。

企业应纳所得税额=（收入总额－准予扣除项目金额）×适用税率=企业利润×适用税

（八）纯利润

纯利润也叫净利润，是指在利润总额中按规定交纳了所得税后公司的利润留成。

纯利润=利润总额－所得税费用。

实训九　接待顾客的基本礼仪

工作任务单（表9-1）

表9-1　接待顾客的基本礼仪工作任务单

序号	岗位	工作任务
01	药店营业员	按照药店营业员仪容仪表、仪态及服务用语要求接待顾客
02	药店营业员	掌握接待不同的顾客的技巧，对不同身份及不同情境下的顾客进行接待

【实训目标】

1.了解常用礼仪规范和要求，以及礼仪和形象对销售的重要性。

2.能熟练运用常规礼仪进行接待顾客和药品介绍。

3.培养学生良好的职业素养。

【实训准备】

GSP实训室，相应的柜台、货架、药品盒、工作服装（学生自带）。

【技能操作】

1.分组　将学生每2~3人分为一组，抽签决定营业员和某一类顾客，抽签选情景，如需要可请同学客串。准备3分钟后进行演示，演示时其余同学注意观察，演示完后进行讨论，指出其成功和不足之处，带教教师当场归纳，打分，然后再进入下一组的演示。

2. 角色分配

（1）营业员　略。

（2）顾客　①新顾客；②老顾客；③急顾客；④“精”顾客；⑤老年顾客；⑥幼儿顾客；⑦患者顾客；⑧孕妇顾客；⑨残疾顾客等。

3. 情景设计　①情景一：顾客拿不定主意。②情景二：顾客自有主张。③情景三：顾客结伴而来。④情景四：顾客操方言。⑤情景五：交易繁忙。⑥情景六：柜台缺货。⑦情景七：顾客退换药。⑧情景八：营业员不顺心。⑨情景九：找钱出差错。

4.考核内容及评分表 评价包括两个方面，总分为100分，其中职业素养与操作规范占该项目总分的30%，操作结果即作品分占该项的70%，职业素养与操作规范及作品分两项均需合格，总成绩评定为合格。具体评分标准如表9-2所示。

表9-2 接待顾客礼仪评分标准

评价内容		配分	考核点	备注
职业素养与操作规范（30分）		20	工作服穿着规范干净整洁，双手洁净，不染指甲，不留长指甲，不披发	
		10	操作完毕后将工具等清理复位	
作品（70分）	仪态	30	站姿、走姿、鞠躬礼、引导手势、拿取商品、递呈商品、蹲姿等规范、大方、得体、自然，给顾客留下好的印象	
	面部表情	20	会运用目光和微笑表达情感，加强沟通，笑容自然，发自内心，顾客满意	
	服务用语	20	会运用正确的语言、语气、语调表达自己的思想感情	

【操作规程】

（一）准备工作

零售企业在开业前，必须做好以下准备工作：

1.按照岗位责任制的规定，上岗前做好全员准备工作。

2.检查商品出库和上货，做到出齐摆全，库有柜台有。

3.陈列好商品，摆齐价格标签，货签对位。

4.备好零钱、售货工具和包装用品，校准度量衡器。

5.开业前3~5分钟定岗定位，准时开门，迎候顾客进店。

（二）接待的要求

开业后的接待要求。零售企业是直接为消费者服务的窗口，必须体现全心全意为人民服务的宗旨。

1.零售药店按不同类型、规模制定相应的经营目录和必备商品目录。按目录积极组织货源，做到不出现人为脱销；提高调剂成方率。

2.顾客临近柜台时，将视线转向顾客，主动打招呼，态度和蔼热情，语言、动作要有礼貌。

3.要抬头售货。做到人未到、声先到；话未到眼神先到；帮助顾客选择商品，向顾客介绍系列性、连带性商品，当好顾客的参谋。

4.拿递商品要轻拿轻放，动作敏捷；易碎、贵重商品要双手放在顾客面前。

5.中、西药的收方和调剂人员，要精神集中，严格把关。做到：字迹不清的处方不调；有相反、相畏和配伍禁忌的处方不调；毒限、剧药不符合规定的处方不调。

6.销售中西成药，要唱收、唱付，核对品名。出售中药饮片要剂量准确，分戥均匀，认真复核；发药时要对牌号、姓名、剂数，交代清楚煎药程序，服用方法；包装捆扎商品要外形美观、牢固，便于携带

（三）道别的要求

交易结束时，与顾客打招呼道别，态度要亲切自然。

【相关知识】

仪容仪表是指药店营业员在销售服务时的穿着、修饰、举止姿态、精神状态和个人卫生等诸多方面的外观表现，是素养和品位的体现。仪表端正也是对别人的尊重，同样也可获得别人的尊重。在服务过程中，顾客对企业的评价，很多时候是从营业员的仪表开始的。

（一）药店营业员的仪容

1.头发　不染发（黑色为准，棕色为度）。男士不留长发，以前不遮额、侧不盖耳、后不触领为宜。女士短发不过肩，短发要合拢于耳后；长发应梳理整齐挽起成发髻，不要遮住脸，不留松散披肩发，刘海不盖额，佩带公司统一的发饰。头发应勤洗，无头皮屑，且梳理整齐。

2.面部　保持清洁，眼角不可留有分泌物，保持鼻孔清洁。女士工作时需化淡妆，以淡雅、清新，营业时不戴耳坠或耳环等饰物。男士忌留胡须，养成每天修面剃须的好习惯。

3.口腔　保持口腔清洁，早、午餐不吃有异味的食品，不饮酒或含有酒精的饮料。

4.耳部　耳廓、耳后及耳孔边应每日用毛巾或棉签清洗，不可留有皮屑。

5.手部　保持手部的清洁，要养成勤洗手勤剪指甲的良好习惯，指甲不得长于1毫米。女士不戴手镯、手链、戒指（结婚女性可以带一个结婚戒指）等饰品、

6.体味　勤换内外衣物，给人以清新的感觉。女士不宜使用香味过浓的香水。

7.服装服饰　服饰是指人的衣着穿戴，应与工作环境、工作性质、体型等保持协调一致，以达到和谐统一的整体效果。药店营业员要统一着工装上岗，工装设计要美

观大方、色彩协调、整洁合体、适应环境、干净利落、便于工作。营业员统一着装应注意以下方面的问题。

（1）店服型号应找准，穿着一定要合体。

（2）店服穿着要规范：配套穿着，系牢纽扣和鞋带，不卷袖口和裤脚。

（3）工装要整齐干净，要勤换洗，不能有皱褶。

（4）证章、工号牌或胸卡等标志应按要求端正地佩戴于左胸前，无歪斜。

8.鞋子　无论是男女营业员都应穿与服装相适宜的鞋，颜色和款式不要太夸张，鞋要保持整洁，禁止穿运动鞋、拖鞋和草编鞋，皮面鞋要有光泽，其他面料的鞋与鞋边保持干净。女营业员鞋跟一般不超过5厘米。

9.袜子　女营业员穿套裙时应穿连裤丝袜，以肉色为主，防寒时用黑色或深蓝色，无破损。

（二）药店营业员的仪态

仪态即行为举止是一种肢体语言，是指药店店员在接待顾客过程中的站立、行走、言谈、表情，拿取药物等方面的动作，是体态、气质和风度的综合表现。

1.站姿　站立是营业员在工作岗位上工作的基本体态，是人静态的造型动作。优雅的站姿表现了对顾客的尊重和对工作的高度责任心，是展现人的不同动态美的基础和起点。

（1）正确的站姿要求　头正、肩平、臂垂、躯挺、腿并。

（2）手位　站立时双手可置于身体两侧，或右手搭在左手上叠放于体前，或双手叠放于体后，或一手放于体前一手背在体后任意手位之一。

（3）脚位　站立时可采取“V”形，双脚平行分开不超过肩宽以及小“丁”字形几种脚位。

（4）站立注意事项　站立时，切忌东倒西歪、无精打采；懒散地倚靠在墙上、桌子上。不要低着头、歪着脖子、含胸、端肩、驼背；不要将身体的重心明显地移到一侧，只用一条腿支撑着身体；身体不要下意识地做小动作；不要将手叉在裤袋里面；切忌双手交叉抱在胸前或是双手叉腰；男子双脚左右开立时，注意两脚之间的距离不可过大；不要挺腹翘臀；不要两腿交叉站立。

2.走姿　走姿是一种动态美。优雅、稳健、敏捷的行姿，会给人以美的感受。营业员在营业场所内走动时应做到头正、双目平视、两肩平稳，双臂前后自然摆动，上身挺直，收腹立腰，重心稍微向前倾，两脚尖略开，脚跟先着地，两脚内侧落地，走出的轨迹要在一条直线上。

（1）正确的走姿要求　头正、肩平、躯挺、步位直、步幅适度、步速平稳。

（2）不雅的走姿　方向不定，忽左忽右。体位失当、摇头、晃肩、扭臀。扭来扭去的“外八字”步和“内八字”步。左顾右盼，重心后坐或前移。与多人走路时，或勾肩搭背，或奔跑蹦跳，或大声喊叫等。双手反背于背后。双手插入裤袋。

3.蹲姿　高低式蹲姿：下蹲时左脚在前，右脚稍后，不重叠，两腿靠紧向下蹲；或者左脚踏实，小腿基本垂直于地面，右脚跟提起，脚掌着地，右膝低于左膝，形成左膝高右膝低的姿态，臀部向下。女士无论是采用哪种蹲姿，都要切记将腿靠紧，臀部向下；而男士可选用第一种姿态，两腿之间可有适当距离。

4.鞠躬礼　保持正确的站姿；目视对方，笑脸相迎；鞠躬时以大腿根部为轴，身体前倾；保持头、颈、肩和腰部不能弯曲，侧面看呈一条直线；头低到位后，稍停顿，然后慢慢抬头，再度目视对方。鞠躬分为致意式（图9–1）、致谢式（图9–2）及致歉式（图9–3）。

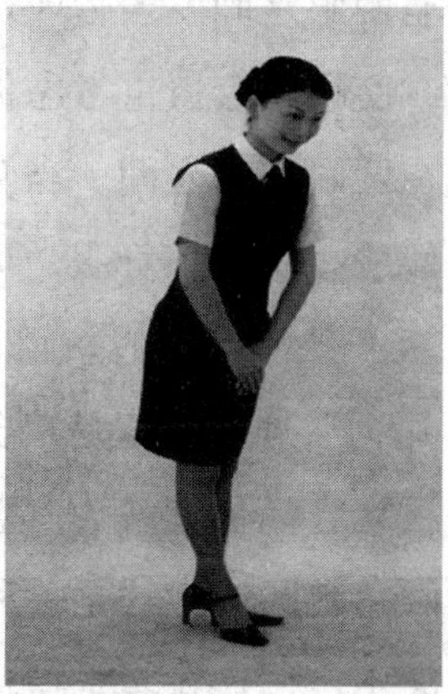
图9–1　15°致意式鞠躬

图9–2　30°致谢式鞠躬

图9–3　45°致歉式鞠躬

5.指引礼仪　为客人或嘉宾引路指示方向时，手不是完全张开的，虎口微微并拢，以肘关节为轴，大小臂弯曲140°左右，手掌与地面基本成45°，引领的手势不宜过多，动作不宜过大，但要让对方能看见。在引导过程中，女性的标准礼仪是手臂内收，然后手尖倾斜上推“请往里面走”，显得很优美；男性服务员要体现出绅士风度，手势要夸张一点，手向外推。同时，站姿要标准，身体不能倾斜。指示方向时，上身稍向前倾，面带微笑，自己的眼睛看着目标方向，并兼顾客人是否意会到目标。

引领时，需注意几点：保持一致性，在两人以上引领时，可以用眼睛的余光去找齐（切不可左顾右盼），在突发的状况下要学会灵活处理；引领宾客时，需注意行走的速度，保持在宾客的侧前方2~3步，随着宾客的步伐而保持适当的行走速度（不可离得太远，亦不可离得太近）；指引手势在几步远的情况下，需一直保持手势；如果距离远，可以在最开始的时候示意，行走的时候，就可以正常行走（转弯处需用手告知），到位后，需再次示意；在引领就座时，手位要放低。

6. 递拿商品 展示时正面朝向顾客，双手递拿，带尖带刃等容易伤害到顾客的商品，将尖刃朝向自己。忌扔、摔。手提袋的递拿：小袋，双手提袋；大袋，一手提袋，一手托底。

7. 目光 即眼睛的语言。印度诗人泰戈尔说："一旦学会了眼睛的语言，表情的变化将是无穷无尽的。"这就说明眼睛语言的表现力是极强的，是其他举止无法比拟的。当初次与顾客打招呼时，目光要亲切柔和，以表达对顾客健康的关心；当向顾客介绍药品时，目光应专注，并注意保持与对方的目光相交流，切忌回避对方目光，而左顾右盼。

（1）目光凝视的位置 营业员与顾客交流时，目光应落在顾客脸部一定的位置，才能起到较好的作用。这种位置有以下两种：①区域在额头至两眼之间。当营业员与顾客交谈时，凝视该位置，会给人一种认真、有诚意的感觉，使顾客会慎重考虑你的意见，你在一定程度上，也就拥有了谈话的控制权。②区域在两眼到嘴之间。当营业员与顾客交谈时，凝视该位置，会给人一种平等、轻松感，使顾客感到很舒服，可进一步创造良好的交流气氛。

（2）目光应用"五不要" ①不要盯住顾客的某一部位"用力"地看，这是暗含挑衅之意。②不要浑身上下反复打量顾客，尤其对异性，这种目光容易被理解为有意寻衅闹事。③不要窥视顾客，这是心中有鬼的表现。④不要用眼角瞥顾客，这是一种公认的鄙视他人的目光。⑤不要左顾右盼，东张西望，目光游离不定，让顾客觉得你用心不专。

8. 笑容 ——人类最富魅力、最有价值的肢体语言。对于营业员来说，要求做到以下几点：①微笑发自内心。发自内心的微笑，自然大方，显示出亲切，有诚意，并能制造明朗而富有人情味的销售气氛。②微笑适度。微笑是可以表现出温馨、亲切的表情，能有效缩短双方的距离。但营业员微笑要得体、适度，恰到好处；防止生硬、虚伪，笑得夸张放肆。③微笑适宜。微笑是一种魅力，在人际交往中，起着重要的作用。

（三）营业员的服务用语

语言是人际间互相表达感情、交流思想的交际工具。营业员接待顾客，时刻都需借助于语言。能不能很好地运用语言，直接关系到服务质量、门店信誉和个人形象。营业员在接待顾客时所用的语言，会自然地表现出本人的品格。在接待顾客过程中一般使用普通话。

服务语言基本的原则是要注意用语的礼貌性。这主要体现在敬语的使用上。敬语包括尊敬语、谦让语和郑重语三个方面的基本内容。

1.语言的准确、委婉、中听

（1）语言准确　力求表达的意思完整准确，尽量避免引起不必要的误会。这要求营业员用词规范，表达要符合事实。比如营业员说：“让我帮您将这些东西捆一下”比“我帮您捆起来”更恰当、准确。

（2）语言委婉　说话时态度亲切、婉转，这要求营业员语气友好、态度热情，要尊重顾客的人格和习惯，这就是要求他们注意修饰自己的语言。主要表现在使用谦语和委婉语两方面。谦语是谦虚、友善的语言，表示出充分尊重对方，常用征询、商量的语气进行。委婉语用好听的、含蓄的、无刺激性的代词，代替要禁忌的词语，用曲折的表达来提示双方都知道的但不愿点破的事。

（3）语言中听　说话时语言有活力、不刻板。这要求营业员的语言具有感染力和亲和力。比如营业员向顾客问“你想看什么？”就比问“你要买什么？”中听得多，也不会给顾客施加心理压力。

营业员使用日常用语是以敬人之心赢得尊重的重要方式。“您请、欢迎、对不起、谢谢、没关系、再见”等这些服务用语应该多用、常用、勤用，日久天长，必见功效。

2.语速及声调　语言的语速、声调也是传递信息的符号。因此，营业员与顾客说话时，要把握好语音高低轻重，说话的速度快慢。放低声调总比提高嗓门说话显得悦耳得多；委婉柔和的声调总比粗犷僵硬的声调显得动人；发音稍缓总比连珠炮式易于使人接受；抑扬顿挫总比单调平板容易使人产生兴趣。

3.正确的使用敬语　面对不同的顾客在不同的情境下所用的敬语应不同。

实训十　问病荐药

工作任务单（表10-1）

表10-1　问病荐药工作任务单

序号	岗位	工作任务
01	营业员	通过问病，给顾客推荐正确的非处方药
02	营业员	顾客模棱两可，通过问病给顾客推荐恰当的非处方药

【实训目标】

1. 掌握问病推荐的内容及技巧。

2. 通过问病能正确介绍药品并指导顾客合理用药。

3. 对有疑问的顾客能正确分析用药特点及推荐使用药品的原因。

【实训准备】

各种病症。

【技能操作】

（一）问病1

以下症状，可通过问病，向顾客推荐恰当的药品。

1. 症状：恶寒重，发热轻，无汗，头身疼痛，鼻塞流涕，苔薄白。

病证：风寒感冒。

2. 症状：发热、轻微怕冷、口渴、咽痛红肿、头痛、咳嗽吐痰黏稠、鼻塞流黄涕。

病证：风热型感冒。

3. 症状：发热、头昏、耳鸣、胸闷、出汗、口渴、恶心。

病证：中暑。

4. 症状：感冒咳嗽，无痰，夜间比白天咳得厉害，无其他感冒症状。

病证：肺阴虚咳嗽。

5. 症状：全身皮肤起红疹，瘙痒难忍，面部及手部暴露部位没有。

病证：皮肤过敏。

6. 症状：眼睛充血、发痒、灼热疼痛、眼屎多、视物不清。

病证：实证眼病。

7. 症状：胃肠绞痛，恶心、腹泻，发热。

病证：急性胃肠炎。

8. 症状：上腹痛，早饱，腹胀，嗳气。

病证：消化不良。

9. 症状：由于暴饮暴食引起，胃痛胀满，嗳腐吐酸，苔厚腻。

病证：饮食停滞型胃痛。

10. 症状：口舌生疮、咽喉红肿、大便干、小便黄。

病证：实火证。

11. 症状：患者平时易感冒，不耐风寒，近日恶风、常自汗。

病证：气虚感冒。

12. 症状：节律性上腹部饭后1小时灼烧痛，1~2小时后逐渐缓解，嗳气，伴有恶心等。

病证：胃溃疡。

13. 脚有异味，脚趾间潮湿、脱皮、瘙痒难耐。

病证：真菌型脚气。

14. 症状：患者腰膝酸软，潮热盗汗，头晕耳鸣。

病证：肾阴虚证。

15. 症状：患者失眠多梦，虚烦不安，潮热盗汗，舌红少苔，脉细数。

病证：阴虚血少之失眠。

（二）问病2

以下症状顾客用药模拟两可，通过问病选择最适合的药物。

1. 症状：患者月经不调，伴有胸胁胀痛，头晕目眩，食欲减退。

病证：肝郁血虚脾弱型月经不调。

顾客在四物膏与逍遥丸中选择不定，请为她选择。

2. 症状：患者年老视力减退，迎风流泪，伴有腰膝酸软、眩晕耳鸣。

病证：虚证眼病（肝肾阴虚型眼病）。

顾客在六味地黄丸与杞菊地黄丸之间选择不定，请为她选择。

3.症状：双眼奇痒、畏光、流泪、有异物感。

病症：急性细菌性结膜炎。

顾客在珍珠明目滴眼液和滴眼用利福平之间选择不定，请为他选择。

（三）角色安排

营业员、患者。

（四）考核内容及评分表

评价包括两个方面，总分为100分，其中职业素养与规范操作占该项目总分的20%，操作结果即作品分占该项的80%，职业素养与操作规范及作品分两项均需合格，总成绩评定为合格。具体评分标准如表10–2所示。

表10–2　问病荐药评分标准

评价内容		配分	考核点	备注
职业素养与操作规范（20分）		5	工作服穿着规范，双手洁净，不染指甲，不留长指甲，不披发	
		15	操作完毕后将工具等清理复位	
作品（80分）	问病	30	问病内容详细恰当，问病有技巧，语言流畅，普通话标准	
	给药	20	所推荐的药品与病症相适宜，注意了解特殊人群用药	
	用药交代	20	正确交代用法用量，注意事项及健康指导、特别提示等	

【操作规程】

1.疾病询问

（1）问病症　循问患者感受最明显最严重的症状及其发病时间、部位、性质、持续时间，伴随症状有哪些；症状是持续性还是间歇性；是进行性加重还是逐渐减轻或持续未变；是规律性或周期性发作，还是时愈时发；哪些症状减轻或消失，又有哪些新症状出现。

（2）问病前　循问患者是否进行过检查和治疗，结果怎样。若已进行过治疗，则应问明使用过的药物名称、剂量和疗效。以及过去健康状况，患过何种疾病，预防接种情况还有手术、外伤、中毒和过敏史等。

（3）问病后　循问饮食、睡眠、体重、体力、大小便及精神状态有无改变等。

（4）是否服用过药物。

（5）是否有药物过敏史。

（6）过去的健康状况。

（7）必要时需了解的一般内容　包括：社会经历、职业及工作条件、起居与卫生习惯、饮食规律与质量、烟酒嗜好与摄取量、个人性格及有无精神创伤；婚否、对方健康状况、性生活情况、夫妻关系等；双亲与兄弟、姐妹及子女的健康与疾病状况，特别应询问是否有患者同样的疾病，有无与遗传有关的疾病等。

（8）必要时需了解的女性患者的内容　包括：月经初潮年龄、月经周期和经期天数、经血的量和色、经期症状、有无白带、末次月经日期、闭经日期、绝经年龄；妊娠与生育次数和年龄、人工或自然流产的次数、有无死胎、手术产、产褥热及计划生育情况等。

2. 疾病评估　通过问病，初步判断疾病的原因（如外伤、中毒、感染等）、诱因（如气候变化、环境改变、饮食起居失调）以及起病症急缓等情况。

3. 相关药品的推荐　如遇无法叙述清楚病情的情况，如代人购药、患者是小儿等，则应视具体情况推荐安全性大的药品。

4. 指导合理用药——用药交代　用药交代服务是指药师把药品的用法、用量、注意事项、贮存条件等内容准确地告诉患者的一项常规药学服务。仔细交代药物剂型的正确使用方法和注意事项等，是防止用错药的关键性服务。通过用药交代重点提醒对保证用药正确显得尤为重要。

（1）交代正确用法　营业员必须向患者交代清楚药品的正确使用方法，一般药品不宜躺着服，如躺着服药，药物容易粘附于食道壁，不但影响疗效，还可能刺激食道，引起咳嗽或局部炎症，严重的甚至损伤食道壁，因此最好取坐位或站立姿服药；一些特殊剂型（如舌下片、含片、泡腾片、滴眼剂、滴耳剂等）需特别提示。

（2）交代正确的服药时间与用量　由于每种药物的理化性质不同，其药动学与药效学的作用决定了其服药时间也各不相同。如若患者不能按正确时间合理用药，轻者影响疗效，重则出现不良反应。口服药物一般可分为一日一次、一日两次或一日三次等方法以及清晨饭前、饭后、餐中、睡前等服用时间。药剂师除了按医嘱在药袋上注明服药的次数和数量，有时还有必要口头上向患者交代清楚。

（3）交代已知药物的副作用及服药后引起的变化　药师应及时向患者交代有关用药注意事项，避免误用、误服或发生意外。如服用感康等抗感冒药会出现嗜睡、乏力等症状；服用利福平可引起砖红色尿；服用铁剂可引起黑色便等。

（4）停药时机的教育　停药的时机主要取决于疾病的种类及药品的特性。一般疾病症状解决即可停药，但像高血压、糖尿病、心律失常以及精神病等慢性疾病，需要长期服药，不得随意停药。

（5）交代患者服药时的饮食注意事项　有些食物与药物同食可以增强疗效，如补充维生素A时多食肥肉，可有利于吸收；服用铁剂治疗缺铁性贫血时多吃酸性食物有利于吸收。有些食物与药物同服时会降低疗效，如服用铁剂治疗缺铁性贫血时，茶叶中的鞣酸不利于铁剂的吸收而影响疗效。有些食物与药物同食会产生不良反应，如服用磺胺类药物忌食酸性水果、果汁和醋以免在尿中形成结晶而损害肾脏。有些食物与药勿同食会减少药物的不良反应，如服用避孕药时应多吃一些新鲜蔬菜、水果、动物肝脏等，这是因为避孕药可降低血中维生素，特别是叶酸和维生素B_6的含量，多吃水果等可避免引起贫血。所以当患者服用易受食物影响的药物时，药师应提醒患者注意饮食。

（6）交代应分开服用的药物　如氟喹诺酮类药物可与抗酸剂中钙、铝、镁等在胃中螯合而失效，合用时应先服用氟喹诺酮类药物，3小时后再服抗酸剂。抗酸剂及蒙脱石散可吸附其他药物而影响吸收，合用时，其他药物应在服蒙脱石散之前1小时服用。

（7）要特殊告知老年人等特殊人群　大多数老年患者记忆力差，容易忘记用法、用量，特别是联合用药，更易混淆。因此，要耐心地给他们特别交代。对妊娠及哺乳期妇女禁用或不宜用的药物也有许多：如抗肿瘤药、抗癫痫药、四环素类、磺胺类及氨基糖苷类等。对癫痫患者要告诉他们服药时不能同服喹诺酮类药、糖皮质激素类、异烟肼且不宜饮酒，以免由于中枢神经的作用而诱发癫痫发作。

5.生活指导，健康教育（温馨提示）向顾客介绍健康知识、进行健康指导，促使人们自觉地采纳有宜于健康的行为和生活方式，消除或减轻影响健康的危险因素，预防疾病，促进健康和提高生命质量。

【相关知识】

（一）问病要点

1.态度　语言通俗，亲切和蔼，热情耐心，让患者感觉到循问者值得信赖。

2.用语技巧　一般用先问感受最明显、容易回答的问题，如“你感到哪里不舒服？”其次询问需要经过思考才能回答的问题，如“你的疼痛在什么情况会减轻或加重？”问病时应避免套问和暗示性诱问，如“你上腹痛时向左肩放射吗？”而应问“你腹痛时对别的部位有什么影响吗？”如“你伴有夜间盗汗吗？”这样的提问往往会使患者在不了解其意的情况下随声附和，给判断疾病和给药针对性造成困难。

3.边问边听边思考　在问病的过程中，要边听患者的叙述，边观察患者，并随时分析患者所陈述的各种症状间的内在联系，分清主次、辨明因果、抓住重点，再深入询问。在倾听患者陈述病情的时候，要根据所述事实，联想到有哪些可能的疾病，以此为指导详细询问，并逐步将一些疾病排除，将某些疾病保留。对诊断和鉴别诊断有意义的部分，要询问清楚确保无误。

（二）服药时间

一般药物适宜的服药时间见表10–3所示。

表10–3 一般药物服药时间表

服用时间	药品类别	药品名	注释
餐前	胃黏膜保护药	氢氧化铝或复方制剂、复方三硅酸镁、复方铝酸铋	充分地附着于胃壁，形成一层保护屏障
	收敛药	鞣酸蛋白	可迅速通过胃进入小肠，遇碱性小肠液分解出鞣酸，起止泻作用
	促胃动力药	甲氧氯普胺、多潘立酮、莫沙必利	以利于促进胃蠕动和食物向下排空，帮助消化
	磺脲类降糖药	格列齐特、格列吡嗪、格列喹酮	这类降糖药的作用主要通过刺激胰岛B细胞才能发挥作用，所以这类药宜在饭前30分钟服用。当餐后血糖升高时，该类药物的血浓度正好达峰值
	格列奈类降糖药	瑞格列奈、那格列奈	这类药物与结合位点结合和解离都快，因而其起效迅速。持续时间短。口服后30~60分钟达到血药峰值，使进餐开始15分钟内胰岛素分泌明显增加
	钙、磷调节药	阿仑膦酸钠、氯屈膦酸钠	餐前服用且服药后30分钟内不宜进餐，便于吸收
	抗菌药	头孢拉定、头孢克洛、阿莫西林、阿奇霉素、克拉霉素、利福平	进食可延缓药物吸收；空腹服用生物利用度高，吸收迅速
	广谱抗线虫药	伊维菌素	餐前1小时服用可增强疗效
	肠溶药物	肠溶阿司匹林、胰酶肠溶胶囊	肠溶制剂抗酸而不耐碱，若在餐后服用，并不能体现肠溶的优势；而餐前服用，由于空腹胃内酸性活性强，药物不易溶解，且空腹服用后，胃排空速度快，胃内停留时间短，可以减少对胃黏膜的损伤
餐中	双胍类降糖药	苯乙双胍、二甲双胍	因其高发的胃肠道不良反应，多在餐中服用，以减少胃肠道的刺激和不良反应
餐中	α–糖苷酶抑制剂	阿卡波糖、伏格列波糖	α–糖苷酶抑制剂是降低餐后血糖的降糖药，宜餐时服用，一般与第一口饭同服
	抗真菌药	灰黄霉素与脂肪酸	同服可促进胆汁的分泌，促使微粒型粉末溶解，便于人体吸收，提高血药浓度
	非甾体抗炎药	①舒林酸 ②吡罗昔康、美洛昔康	①与食物同服可使镇痛作用持久。②与食物同服可减少胃黏膜出血机率
	肝胆辅助用药	熊去氧胆酸	早、晚进餐时服用，可减少胆汁、胆固醇的分泌，利于结石中胆固醇的溶解
	抗血小板药	噻氯匹定	进餐时服用可提高生物利用度并减轻胃肠道的不良反应
	减肥药	奥利司他	进餐时服用，可以减少脂肪的吸收率
	抗肿瘤药	依马替尼	进餐时服用或与大量水同服可减少对消化道的刺激
	抗结核药	乙胺丁醇、对氨基水杨酸钠	进餐时服用减少对消化道的刺激
	助消化药	酵母、淀粉酶	发挥酶的助消化作用，并避免被胃液中的酸破坏

续表

服用时间	药品类别	药品名	注释
餐后	非甾体抗炎药	阿司匹林普通片、布洛芬、对乙酰氨基酚、尼美舒利、双氯芬酸	减少对胃肠的刺激；只有塞来昔布除外，食物可延缓其吸收
	维生素	维生素B_1、维生素B_2	随食物缓慢进入小肠，有利于吸收
	抗组胺药	西咪替丁、雷尼替丁	餐后服比餐前服效果佳，因为餐后胃排空延迟，有更多的抗酸和缓冲时间
	糖皮质激素	泼尼松、地塞米松	对胃肠道有刺激反应，餐后服，避免加重消化性溃疡和诱发胃出血，同时可减轻对下丘脑–腺垂体–肾上腺皮质系统的反馈抑制，应每日早饭后服药。
	中和胃酸的药物	铝碳酸镁	抗酸药用于中和胃酸时，空腹作用时间短，需在餐后1~2小时服用
	铁剂的补充	硫酸亚铁、富马酸亚铁	铁盐对胃肠道有刺激，且其必须在胃酸作用下才易吸收，故宜在饭后30~60分钟胃酸分泌最活跃的时候服用
	利尿药	氢氯噻嗪、螺内酯	进食能增加吸收量，可能与药物在小肠的滞留时间延长有关

（三）剂型的正确使用

具体使用方法见表10–4所示。

表10–4　常用药物剂型的使用方法

剂型	正确使用方法
滴丸	①仔细看药物的服法，剂量不能过大；②宜以小量温开水送服，有些可直接含于舌下；③滴丸在保存中不宜受热
泡腾片	①供口服的泡腾片一般宜用100~150ml凉开水或温水浸泡，可迅速崩解和释放药物，应待完全溶解或气泡消失后再饮用；②不应让幼儿自行服用；③严禁直接服用或口含；④药液中有不溶物、沉淀时不宜服用
舌下片	①给药时宜迅速，含服时把药片放于舌下；②含服时间一般控制在5分钟左右，以保证药物充分吸收；③不要咀嚼或吞咽药物，不要吸烟、进食、嚼口香糖，保持安静，不宜多说话；④含后30分钟内不宜吃东西或饮水
咀嚼片	①在口腔内的咀嚼时间宜充分，如胃舒平、小施尔康，嚼碎后进入胃中会很快地在胃壁上形成一层保护膜，从而减轻胃内容物对胃壁溃疡的刺激；②咀嚼后可用少量温开水送服；③用于中和胃酸时，宜在餐后1~2小时服用
软膏剂、乳膏剂	①涂敷前将皮肤清洗干净。②对有破损、溃烂、渗出的部位一般不要涂敷。如急性湿疹，在渗出期采用湿敷方法可收到显著疗效，若用软膏反可使炎症加剧、渗出增加。对急性无渗出性糜烂则宜用粉剂或软膏剂。③涂布部位有烧灼或瘙痒、发红、肿胀、出疹等反应，应立即停药，并将局部药物洗净。④部分药物，如尿素涂后采用封包可显著地提高角质层的含水量，增加药物的吸收，亦可提高疗效。⑤涂敷后宜轻轻按摩可提高疗效。⑥不宜涂敷于口腔、眼结膜

剂型	正确使用方法
含漱剂	①含漱剂多为水溶液，其成分亦多为消毒防腐药，含漱时不宜咽下或吞下；②对幼儿、恶心、呕吐者不宜含漱；③按说明书的要求稀释浓溶液；④含嗽后不宜马上饮水和进食，以保持口腔内药物浓度
滴眼剂	①清洁双手，将头部后仰，眼向上望，用食指轻轻将下眼睑拉开成一沟袋状。②将药液从眼角侧滴入眼袋内，一次1~2滴。滴药时应距眼睑2~3cm，勿使滴管口触及眼睑和睫毛，以免污染。③滴后轻轻闭眼1~2分钟，用药棉或纸巾擦拭流溢在眼外的药液。④用手指轻轻按压眼内眦，以防药液分流降低眼内局部药物浓度及药液经鼻泪管流入口腔而引起不适。⑤若同时使用2种药液，宜间隔10分钟。⑥一般先滴右眼后滴左眼，以免用错药，如左眼病较轻，应先左后右，以免交叉感染。⑦如眼内分泌物过多，应先清理分泌物，再滴入或涂敷，否则会影响疗效。⑧滴眼剂连续应用1个月不应再用，如药液出现浑浊或变色时，切勿再用
缓、控释制剂	①服药前一定要看说明书或请示医师、药师，因为各制药公司的缓、控释型口服药的特性可能不同，另有些药用的是商品名，未标明“缓释”或“控释”字样，若在其外文药名中带有SR、ER时，则属于缓释剂型；②除另有规定外，一般应整片或整丸吞服，严禁嚼碎或击碎分次服用；③缓、控释制剂每日仅用1~2次，服药时间宜固定
气雾剂	如色甘酸钠气雾剂、异丙肾上腺素气雾剂、喘康速气雾剂等，有的患者因为不会使用，导致药效不能发挥，延误了病情的控制，这里简要介绍气雾剂的使用，药师在销售气雾剂时应主动向患者告知使用方法。具体使用方法为：①移去套口的盖，使用前轻摇贮药罐使之混匀。②头略后仰并缓慢地呼气，尽可能呼出肺内空气。③将吸入器吸口紧紧含在口中，并屏住呼吸。④以食指和拇指紧按吸入器，使药物释出，并同时做与喷药同步的缓慢深吸气，最好大于5秒钟（有的装置带笛声，没有听到笛声则表示未将药物吸入）。⑤尽量屏住呼吸5~10秒，使药物充分分布到下气道，以达到良好的治疗效果。⑥将盖子套回喷口上

（四）服用药品的特殊提示

1.服药后宜多饮水的口服药物

（1）平喘药　茶碱类有利尿作用，易致脱水；同时哮喘者多血容量偏低。

（2）利胆药　引起胆汁的过度分泌和腹泻，应多喝水避免腹泻导致的脱水。

（3）蛋白酶抑制剂　抗艾滋病用药的安普那韦、雷托那韦等可形成尿道结石或肾结石，应大量饮水，避免结石。

（4）双磷酸盐　双磷酸盐易导致食管炎、粪便潜血。

（5）抗痛风药　服排尿酸药（丙磺舒、苯溴马隆、别嘌醇）应大量饮水，同时应碱化尿液，防止尿酸在排出过程中在泌尿道沉积形成结石。

（6）抗尿结石药（排石汤、排石冲剂）

（7）电解质　应口服补液盐。

（8）磺胺药　主要由肾排泄，在尿液中可形成结晶性沉淀，应大量饮水，同时应碱化尿液，防止结晶（同抗痛风药）。

（9）氨基糖苷类抗生素　在尿液中浓度高，对肾小管损伤大，应大量饮水，加快药物排泄，同时应碱化尿液（使用时需碱化尿液的药物：抗痛风药、磺胺类药物、氨基糖苷类抗生素）。

2.饮食及吸烟对药品疗效的影响

（1）饮酒

①降低疗效　如服抗痛风药别嘌醇、抗癫痫药苯妥英钠、抗高血压药利血平时，饮酒会降低疗效。

②增加不良反应发生　A.双硫仑样反应（乙醛蓄积综合征）；B.可增强药物中枢神经的抑制作用；C.加重药物对胃肠黏膜的刺激；D.可降低血糖水平，易出现昏迷、休克、低血糖症状；E.增加化疗药的肝毒性、神经毒性；F.肝脏损害，形成肝硬化或脂肪。

（2）喝茶

①茶中含有的大量鞣酸，可结合药中的多种金属离子（铁剂、钙剂、铋剂、铝剂）发生沉淀，影响药物吸收。

②可与蛋白类药物、四环素、大环内酯类抗生素、生物碱结合，影响药物吸收。

③所含咖啡因与催眠药作用相拮抗。

④服用利福平时不可喝茶，以免妨碍其吸收。

⑤所含咖啡因和茶碱能兴奋中枢神经，加快心率。

（3）喝咖啡

①所含咖啡因易与人体内游离的钙结合，长期大量饮用，诱发骨质疏松症。

②过量饮用可导致过度兴奋；长期饮用者一旦停饮，容易出现大脑高度抑制。

③刺激胃液和胃酸的分泌。

④可兴奋中枢神经，拮抗中枢镇静药和催眠药的作用。

⑤使抗感染药的血浆药物浓度降低。

（4）食醋

①与碱性药同服，可以发生酸碱中和反应，使药物失效。

②不宜与磺胺药、抗痛风药和氨基糖苷类抗生素同服（这三类药使用时需碱化尿液）。

（5）食盐

①血容量增加，促发充血性心力衰竭或高血压。

②建议一日的摄入量在6g以下。

（6）脂肪或蛋白质

①减少铁的吸收。

②适当多食脂肪，促进灰黄霉素吸收，增加其抗真菌的疗效。

③适当多食脂肪，促进口服脂溶性维生素的吸收。

④口服左旋多巴时，宜少吃高蛋白食物（高蛋白食物在肠内产生大量氨基酸，阻碍左旋多巴吸收，降低疗效）。

⑤肾上腺皮质激素治疗时宜吃高蛋白食物（皮质激素可促进蛋白质分解，抑制蛋白质合成，高蛋白食物可防止体内蛋白质不足）。

⑥服异烟肼时，不宜吃鱼（异烟肼干扰鱼类蛋白质的中间代谢产物分解，会有中毒反应）。

（7）抽烟（具有肝药酶作用）

①所含烟碱，可增加人体肝脏中药酶的活性。

②降低呋塞米的利尿作用。

③可使人对麻醉药、镇痛药、镇静药和催眠药的敏感性降低。

④可降低胰岛素的作用，使药效变差。

（四）含麻黄碱复方制剂的销售

1.将单位剂量麻黄碱类药物含量大于30mg（不含30mg）的含麻黄碱类复方制剂，列入必须凭处方销售的处方药管理。医疗机构应当严格按照《处方管理办法》开具处方。药品零售企业必须凭执业医师开具的处方销售上述药品。含麻黄碱类复方制剂每个最小包装规格麻黄碱类药物含量口服固体制剂不得超过720mg，口服液体制剂不得超过800mg。

2.药品零售企业销售含麻黄碱类复方制剂，应当查验购买者的身份证，并对其姓名和身份证号码予以登记。除处方药按处方剂量销售外，一次销售不得超过2个最小包装。

药品零售企业不得开架销售含麻黄碱类复方制剂，应当设置专柜由专人管理、专册登记，登记内容包括药品名称、规格、销售数量、生产企业、生产批号、购买人姓名、身份证号码。

药品零售企业发现超过正常医疗需求，大量、多次购买含麻黄碱类复方制剂的，应当立即向当地食品药品监管部门和公安机关报告。

实训十一　处方调配

工作任务单(表11-1)

表11-1　处方调配工作任务单

序号	岗位	工作任务
01	营业员	对给出的处方进行审核，指出处方中的错误及原因
02	营业员	对合格的处方按配方程序调配好并发药和用药指导

【实训目标】

1. 掌握处方的组成、格式及书写要求。

2. 熟悉处方中的外文缩写，掌握处方审核的形式及内容，能正确调配处方。

3. 能将调配好的药品正确发给顾客并进行用药交代。

【实训准备】

处方药柜、问题处方、合格处方、剪刀、小药袋、相应的药品。

【技能操作】

1. 分组及角色分工　学生分成2~3人一组，分别担任药师、营业员、顾客等角色。

2. 处方分析　对表11-2中的10个病例处方进行处方分析，审核处方是否符合要求，并调配审核合格的处方。

表11-2

序号	诊断	处方	
1	冠心病	1. 阿司匹林肠溶片 2. 单硝酸异山梨酯缓释片	25mg×100片×1瓶 Sig：2^s po. q.d. 40mg×24×1盒 Sig：40mg po. qd.
2	急性胃肠炎	1. 铝碳酸镁 2. 左氧氟沙星	0.5g×20 Sig：1g tid. 0.1g×12 Sig：0.2g bid.

续表

序号	诊断	处方	
3	糖尿病 高血压	1. 格列吡嗪片 2. 硝苯地平控释片	2.5mg×80 Sig：2.5mg tid. ac. 30mg×12 Sig：1^s qd. pc.
4	支气管炎急性发作 糖尿病 高血压	1. 加替沙星片 2. 氨溴索片 3. 格列吡嗪片	400mg×6 Sig：1^s qd. 30mg×20 Sig：30mg tid. 2.5mg×20T×4 板 Sig：2.5mg tid. ac.
5	儿童上呼吸道感染	1. 利巴韦林颗粒 2. 阿莫西林颗粒	50mg×9 包 Sig：1 包 / 次，po. tid 0.125×9 包 Sig：1 包 / 次，3 次 / 日
6	慢性支气管炎	1. 罗红霉素胶囊 2. 羧甲司	0.3g×12 ×1 盒 Sig：0.3g po. qd. 250mg×24×1 盒 Sig：500mg po. bid.
7	支气管炎 支气管哮喘	1. 红霉素片 2. 茶碱控释片 3. 复方磷酸可待因口服液	250mg×24 500mg bid. 100mg×20 200mg po. qd. 150ml 10ml tid.
8	金黄色葡萄球菌骨髓炎	1. 红霉素片 2. 盐酸林可霉素片	250mg×24 500mg bid. 0.25g×12 片 Sig：0.5g/ 次 tid. po.
9	感冒、发烧	1. 复方氨基比林 2. 复方金刚烷胺氨基比林片	2ml Sig：2ml po. st 6 片 Sig：1^s po. bid.
10	幽门螺杆菌感染性胃炎	1. 兰索拉唑肠溶片 2. 胶体次枸橼酸铋钾 3. 阿莫西林	15mg×7×1 盒 Sig： 口服 1 次 / 日，每次 15mg 110mg×20 粒 ×1 盒 Sig：220mg po. bid 0.25g× 1 盒 Sig：0.5g po. bid

3. 发药 将调配好的药品发给顾客，并进行用药交代。

4. 考核内容及评分表 评价包括两个方面，总分为100分，其中职业素养与操作规范占该项目总分的20%，操作结果即作品分占该项的80%，职业素养与操作规范及作品分两项均需合格，总成绩评定为合格。具体评分标准如表11–3所示。

表11–3　处方调配评分标准

评价内容		配分	考核点	备注
职业素养操作规范（20分）		5	工作服穿着规范，双手洁净，不染指甲，不留长指甲，不披发	
		15	操作完毕后将工具等清理复位	
作品（80分）	审方	30	能读懂处方，明确医师的用药目的，对处方的完整性、合法性、处方的书写规范性及用药适宜性等能进行正确审核	
	调配	20	按照处方要求将药品准确调配好，写好医嘱并复核正确	
	用药交代	20	正确交代用法用量、注意事项及健康指导、特别提示等	

【操作规程】

1. 营业员收到处方单交由处方审核员进行审核。

2. 处方审核员收到出处方后认真审查处方的如下内容：患者姓名、年龄、性别、药品、剂量及医师签章、处方单位，如有药品书写不清、药味重复或有配伍禁忌、妊娠禁忌及超剂量等情况应向顾客说明，经原处方医师更正或重新签章后再调配，否则拒绝调剂。

3. 处方单经审核合格并由处方审核员签字后，交由配方人进行处方调配。

4. 调配处方时，应按医师处方顺序，依次调配，调配完毕后，经核对无误后，调配人员在处方签字，交由复核员复核。

5. 复核员依照处方对调剂药品进行复核，合格后交由营业员销售。

6. 营业员发药时，认真核对患者姓名、药剂数量，同时向顾客说明服用方法、用量等注意事项，以免错发。

7. 及时填写处方登记销售记录表（表11–4）。

表11–4　处方登记销售记录表

编号：

购药日期	药品名称、规格	批号	患者姓名	联系方式、地址或电话或单位	诊断结论或病情主诉	使用风险告知确认	审方人	配方人	复核人	备注

续表

购药日期	药品名称、规格	批号	患者姓名	联系方式、地址或电话或单位	诊断结论或病情主诉	使用风险告知确认	审方人	配方人	复核人	备注

【相关知识】

（一）处方的基础知识

1.处方的概念　处方是指由注册的执业医师和执业助理医师（以下简称医师）在诊疗活动中为患者开具的、由取得药学专业技术职务任职资格的药学专业技术人员（以下简称药师）审核、调配、核对，并作为患者用药凭证的医疗文书。处方包括医疗机构病区用药医嘱单。

2.处方的格式　由以下三部分组成。

前记：包括医疗机构名称、处方编号、费别、患者姓名、性别、年龄、门诊或住院病历号、科别或病室和床号、临床诊断、开具日期等，并可添列专科要求的项目。

正文：以RP或R标示，分列药品名称、规格、数量、用法用量。

后记：医师签名和/或加盖专用签章，药品金额以及审核、调配、核对、发药的药剂人员签名。

3.处方的要求

（1）患者一般情况、临床诊断填写清晰、完整，并与病历记载相一致。

（2）每张处方限于一名患者的用药。

（3）字迹清楚，不得涂改；如需修改，应当在修改处签名并注明修改日期。

（4）药品名称应当使用规范的中文名称书写，没有中文名称的可以使用规范的英文名称书写；医疗机构或者医师、药师不得自行编制药品缩写名称或者使用代号；书写药品名称、剂量、规格、用法、用量要准确规范，药品用法可用规范的中文、英文、拉丁文或者缩写体书写，但不得使用“遵医嘱”“自用”等含糊不清的字句。

（5）患者年龄应当填写实足年龄，新生儿、婴幼儿写日、月龄，必要时要注明体重。

（6）西药和中成药可以分别开具处方，也可以开具一张处方，中药饮片应当单独开具处方。

（7）开具西药、中成药处方，每一种药品应当另起一行，每张处方不得超过5种药品。

（8）药品用法用量应当按照药品说明书规定的常规用法用量，特殊情况需要超剂量使用时，应当注明原因并再次签名。

（9）除特殊情况外，应当注明临床诊断。

（10）开具处方后的空白处画一斜线以示处方完毕。

（11）处方医师的签名式样和专用签章应当与院内药学部门留样备查的式样相一致，不得任意改动，否则应当重新登记留样备案。

（12）药品剂量与数量用阿拉伯数字书写。剂量应当使用法定剂量单位：重量以克（g）、毫克（mg）、微克（μg）、纳克（ng）为单位；容量以升（L）、毫升（ml）为单位；某些生物制剂以国际单位（IU）、单位（U）为单位；中药饮片以克（g）为单位。

片剂、丸剂、胶囊剂、颗粒剂分别以片、丸、粒、袋为单位；溶液剂以支、瓶为单位；软膏及乳膏剂以支、盒为单位；注射剂以支、瓶为单位，应当注明含量；中药饮片以剂为单位。

（13）处方开具当日有效。特殊情况下需延长有效期的，由开具处方的医师注明有效期限，但有效期最长不得超过3天。

处方一般不得超过7日用量；急诊处方一般不得超过3日用量；对于某些慢性病、老年病或特殊情况，处方用量可适当延长，但医师应当注明理由。第二类精神药品一般每张处方不得超过7日常用量；对于慢性病或某些特殊情况的患者，处方用量可以适当延长，医师应当注明理由。医疗用毒性药品、放射性药品的处方用量应当严格按照国家有关规定执行。

（二）处方配方程序

审核处方→计价付款→调配处方→复核处方→发药、用药交代

（三）处方审核

1.审核资质 零售药房由注册的执业药师审核处方。

2.审核内容

（1）审核处方的完整性与合法性　药学专业技术人员应当认证逐项检查处方前记、正文和后记书写是否清晰、完整，并确认处方的合法性。其中包括处方的类型（麻醉药品处方、急诊处方、儿科处方、普通处方）、处方开具时间、处方报销方式（公费医疗专用、医疗保险专用、部分自费、自费等）、有效性、医师签字的规范性等。

（2）审核处方前记　处方前记的内容应该完整、详细。处方日期应当日有效，特殊情况推迟三天；年龄要写到实际年龄，不能写成年与未成年字样；住址要详细写到门牌号，诊断应与正文中用药相适宜。

（3）审核处方正文　具体应包括以下8个内容。

第一，审核处方用药适宜性。

①处方用药与临床诊断的相符性　处方中的诊断与用药不相符的典型情况有：A.非适应证用药，如感冒初期用罗红霉素分散片；B.超适应证用药，如脚气用克霉唑和维生素C；C.撒网式用药，如轻度感染即用四环素类药物；D.非规范用药，如青霉素类抗生素未按时给药或未按疗程给药。

②盲目联合用药　A.单一抗菌药就能控制，却联用多种抗生素；B.大处方，盲目无效果地应用多种辅助治疗药；C.一药多名，引起重复用药（一种通用名的药物活性成分，存在多种不同的商品名）；D.联合应用毒性较大药物，药量未酌情减少，增加了不良反应的发生概率。

③过度治疗用药。

第二，审核剂量、用法的正确性以及是否超疗程。

第三，审核选用剂型与给药途径的合理性，包括药物的剂型与疗效，以及药物的给药途径与疗效是否相适宜。

第四，审核是否有重复给药现象。

①一药多名（同一通用名的药品常有多种不同商品名）；

②中成药中常含的化学药成分。

第五，审核对规定必须做皮试的药物（如β-内酰胺类、氨基糖苷类、碘造影剂、局麻药等）处方医师是否注明过敏试验及结果的判定。

第六，审核是否有潜在临床意义的药物相互作用和配伍禁忌。

①作用相加或增加疗效　如治疗缺铁性贫血，用铁剂+维生素C。

②减少不良反应　如治疗肺结核，用异烟肼+维生素B_6。

③敏感化作用　一种药物可使组织或受体对另一种药物的敏感性增强，如排钾利尿药+强心苷（排钾利尿药可使血浆钾离子浓度降低，使心脏对强心苷敏感性增强，容易发生心律失常）。

④拮抗作用　如甲苯磺丁脲+氢氯噻嗪（前者促进胰岛B细胞释放胰岛素，后者直接拮抗该作用，属竞争性拮抗）。

⑤增加毒性和药品不良反应　如肝素与阿司匹林（抗血小板聚集）同时使用有增

加出血的危险。

⑥影响吸收　包括：A.络合，影响吸收。如四环素类与铁剂同服，可形成难溶性络合物，不利于吸收，影响疗效。B.减慢排空，增加吸收。如阿托品可延缓胃排空，增加药物吸收。C.加快排空，影响吸收。如多潘利酮（吗丁啉）可促进胃肠排空，减少吸收。

⑦影响分布　两种药物竞争性与血浆蛋白结合，结合力弱的药物则游离型浓度增大，疗效增强。

⑧影响代谢　肝药酶诱导剂：使合用的药物加速代谢而提前失效；或使合用的前体药物加速转化为活性药物（如苯巴比妥的药酶诱导作用，使双香兰素血药浓度及凝血酶原时间下降）。

肝药酶抑制剂：使合用的药物代谢减慢，体内浓度增加。如氯霉素，可抑制肝药酶，使苯妥英钠血浓度上升。

第七，药物体外的理化配伍禁忌。主要指在静脉注射药液、静脉滴注药液及肠外营养液等溶液配制时，由于pH或离子电荷条件改变，出现药液的浑浊、沉淀、变色和活性降低等变化。

第八，化学药与中成药的联合应用。

①中成药蛇胆川贝液与吗啡、哌替啶、可待因不能同服，会导致呼吸衰竭。

②中成药益心丹、麝香保心丸、六神丸不宜与化学药普罗帕酮同服，会导致心脏骤停。

③中成药虎骨酒、人参酒、舒筋活络酒与苯巴比妥等镇静药同服，会导致中枢神经抑制。

4.处方中常用的英文缩写　可见表11-5所示。

表11-5　处方中常用的英文缩写

中文	英文缩写	中文	英文缩写
每日	qd.	睡前	h.s.
每2日一次	qid.	饭后	pc.
每隔日一次	qod.	饭前	ac.
每日两次	bid.	适量	qs.
每日三次	tid.	上午、午前	Am.
每日四次	qid.	下午	Pm.
每晚	qn.	标记（用法用量）	Sig.

实训十二　中药饮片性状识别（中药专业）

工作任务单(表12-1)

表12-1　中药饮片性状识别工作任务单

序号	岗位	工作任务
01	中药调剂员 中药购销员	掌握常用50种中药的性状鉴别
02	中药调剂员 中药购销员	写出50种常用中药的药用部位
03	中药调剂员 中药购销员	写出50种常用中药的功效

【实训目标】

1.掌握50种常用中药的性状鉴定要点、药用部位及功效。

2.培养学生的吃苦耐劳精神。

【实训准备】

50种常用中药饮片：人参、党参、黄芪、甘草、白芍、黄芩、何首乌、牛膝、板蓝根、鸡血藤、钩藤、杜仲、番泻叶、大青叶、黄柏、金银花、红花、丁香、枸杞子、薄荷、五味子、栀子、陈皮、麻黄、茯苓、蛤蚧、朱砂、没药、石决明、石膏、大血藤、香附、旋复花、山茱萸、广藿香、墨旱莲、淫羊藿、白豆蔻、辛夷、川芎、附片、益母草、通草、首乌藤、何首乌、生地、熟地、砂仁、荆芥、鱼腥草。

【技能操作】

1.分组及角色分工　学生分成2~3人一组，对以上50种药材分别根据根及根茎类、茎木类、皮类、叶类、花类、全草类、动物类、矿物类、树脂类药材进行鉴别并写出药用部位及功效。

2.考核内容及评分表　评价包括两个方面，总分为100分，其中职业素养与操作规范占该项目总分的20%，操作结果即作品分占该项的80%，职业素养与操作规范及作品分两项均需合格，总成绩评定为合格。具体评分标准如表12-2所示。

表12-2　中药饮片性状识别评分标准

评价内容		配分	考核点	备注
职业素养与操作规范（20分）		5	工作服穿着规范，双手洁净，不染指甲，不留长指甲，不披发	
		15	操作完毕后将工具等清理复位	
作品（80分）	饮片识别	30	能迅速识别模拟药房中常用的50种饮片	中药专业
	功效	30	能熟练说出50种饮片的功效	
	用药部位	20	能熟练说出50种饮片的用药部位	

【操作规程】

1.“看”，观察中药的形状、大小、色泽、表面和断面特征等，并以一些简单的词语来形容。

2.“摸”，用手触摸中药，以判断其质地及折断现象。

3.“嗅”，直接嗅闻完整的中药，或于剥碎、搓揉、折断时所能闻到的气感。

4.“尝”，用舌尖接触生中药表面，或取少量入口咀嚼能感觉到的味感，包括甘、酸、苦、辣、咸、涩、淡七味。舌头的不同部位对不同味道的味感灵敏度是不同的，舌尖对甜的、舌根对苦的、两前侧对酸的、两后侧对咸的较为敏感，口尝时应注意让不同味感的药液充分与上述部位接触。

【相关知识】

中药饮片的性状鉴别，实际上就是传统的经验鉴别，是用人的感官，采用看、尝、嗅、听、手摸及水试和火试等方法来鉴别，主要内容包括形状、规格、大小、表面或切面颜色、特征、质地、折断现象、气味，主要工具有放大镜、紫外光灯等。此法简便易行，在药房柜台即可进行，鉴别时可运用植物分类学、解剖学的理论知识进行鉴别。

1.形状　不同类别的饮片具有各自不同的形状。根及根茎类、木质茎多呈类圆形切片，如甘草片、大血藤片等。草质茎多呈短段状，如益母草段呈方柱形，青蒿段呈圆柱形；皮类常为弯曲或卷曲的丝条状，如厚朴丝、黄柏丝等；叶多切成丝条状，如枇杷叶丝，少数保持原形如番泻叶，或皱缩如大青叶，或碎片状桑叶；果实种子多为类圆球形，或心形如苦杏仁等，大者常切成类圆形片状等，如槟榔片，木瓜片等。传统的经验鉴别术语形象生动，易懂好记，如党参根顶端具有瘤状茎残基，术语称“狮子头”。中药饮片片型的长短厚薄，是饮片规格、质量的一项重要的指标。

2.表面

（1）外表面　有的饮片外表面显得较为光滑，如麦冬、天冬。有的饮片外表面显得较为粗糙，如白芷的周边具纵皱纹，木香的周边具网状皱纹；有时呈鳞片状剥落，如苦参饮片；有些根茎类饮片外表面具横环纹、须根、退化鳞叶等特征，如黄连片、香附片。

（2）切面　饮片的切面大多为横切面，特征非常重要，可通过观察皮部与木部的比例、维管束的排列方式、射线的分布、油点的多少等特征区别不同的品种及易混淆的饮片。

观察饮片横切面应可区分双子叶植物、单子叶植物及蕨类植物。一般说来，双子叶植物根、根茎、茎的切面具形成层环环纹或放射状纹理，如丹参片、羌活片；有的放射状纹理呈“菊花心”，如甘草片、黄芪片；或呈“车轮纹”，如防己片、大血藤片。还有的切面皮部白色，木部黄色，习称“金井玉兰”，如桔梗片、板蓝根片等。单子叶植物根为内皮层环，皮部宽、中央有髓，中柱一般较皮部小，如百部、麦冬等。单子叶植物根茎皮层及中柱均有维管束小点散布，如白及。蕨类植物根茎、叶柄基部的中柱有一定形状或分体中柱环列，如狗脊根茎饮片的中柱呈圆形环，紫萁贯众饮片叶柄基部中柱呈“U”字形，绵马贯众饮片叶柄基部分中柱环列等。有的中药饮片具异常构造，如牛膝、川牛膝具同心多层异型锥管束环；商陆饮片切面上显“罗盘纹”；何首乌饮片切面上显“云锦状花纹”；大黄根茎饮片髓部具多数“星点”等。木质藤本植物导管较粗大，饮片切面上呈小孔洞，如川木通饮片。皮类中药有的干皮组织中纤维束和薄壁组织相间排列，折断面显层状结构，如黄柏饮片、秦皮饮片。

分泌组织在切面上也是重要的识别特征，如人参、西洋参、五加皮具树脂道，饮片皮部具棕黄色小点；苍术具大型油室，饮片显“朱砂点”；鸡血藤具分泌细胞，饮片皮部有树脂样红棕色分泌物等。

中药饮片外表面或切面的颜色往往随其所含化学成分的不同而异，并与药材质量有关，如黄芩变绿后质量降低，所以黄芩色要黄，丹参色要红，紫草色要紫，乌梅色要黑，番泻叶叶面黄绿色，黄连断面以红黄色为佳。

3.质地　药材的质地常与饮片内部组织构造、所含成分及加工炮制方法等有关，常用硬、脆、实、轻、重、松、黏、粉、韧、角质等区别。

4.折断面　指中药饮片折断时的现象，常有平坦、纤维性、颗粒性、分层、刺状、粉尘飞扬、胶丝、海绵状等，以薄壁组织、淀粉为主的饮片折断面一般较平坦，如牡丹皮饮片、太子参饮片；含纤维多的饮片具纤维性，如黄芪饮片、厚朴饮片；含石细胞多的饮片呈颗粒性，如肉桂饮片、木瓜饮片；纤维束或石细胞群与薄壁组织相间排列，即有硬韧与软韧之分，饮片常现层状裂隙，可层层剥离，如秦皮、黄柏；木类中药主要由木纤维组成，质硬，饮片折断面常呈刺状，如沉香饮片、苏木饮片；含胶质的饮片折断时有白色胶丝，如杜仲饮片；薄壁组织结构疏松的饮片有的呈海绵状，如陈皮饮片的内表面等。

5. 气味　饮片中所含的不同化学成分能反映出不同中药饮片的气和味，如木兰科、伞形科、唇形科、菊科、樟科等植物都含有挥发油，有明显而特殊的香气，如白芷、当归、防风、羌活、川芎、北柴胡、薄荷、紫苏、荆芥等。有的饮片含有某种特异成分使其有特有的香气，如香加皮含有甲氧基水杨醛，牡丹皮含牡丹酚等。

味是由口尝而感觉，常有酸、甜、苦、辣、咸、涩、淡等。木瓜、乌梅饮片含有机酸而味酸；枸杞子含糖、甘草含甘草甜素而味甜；穿心莲含穿心莲内酯而味苦；干姜含姜辣素而味辣；海藻饮片含钾盐而味咸；槟榔饮片含鞣质而味涩。也有特殊的气味，如黄芪和山豆根均有豆腥气。每种药材的味感是比较固定的，所以中药饮片的气味也是衡量中药饮片品质的标准之一。对有毒性的药材口尝时要特别小心，取样少，尝后立即吐出并漱口、洗手，以免中毒。

6. 水试　有的中药饮片在水中或遇水发生颜色变化，也会有膨胀性、黏性、沉浮等特殊现象，如西红花加水浸泡后，水液染成金黄色，而花色不褪色；苏木投热水中，水染成红色，加酸变成黄色，再加碱液，仍变成红色；秦皮水浸液在日光下呈碧蓝色荧光。又如车前子、葶苈子，遇水黏滑性加强。

7. 火试　有的饮片用火烧能产生特殊的气味、颜色、烟雾、闪光和响声等现象，可作为鉴别手段之一，如麝香少许用火烧之香气四溢，起油点如珠，灰白色；降香火烧后有香气和油溢出，残渣白色；海金沙易点燃有爆鸣声并闪光，而蒲黄、松花粉无此现象，可以此区别。

【常用中药】

人参
Ren shen
GINSENG RADIX ET RHIZOMA

本品为五加科植物人参 *Panax ginseng* C. A. Mey. 的干燥根和根茎。多于秋季采挖，洗净经晒干或烘干。栽培的俗称“园参”；播种在山林野生状态下自然生长的称“林下山参”，习称“籽海”。

【性状】主根呈纺锤形或圆柱形，长3~15cm，直径1~2cm。表面灰黄色，上部或全体有疏浅断续的粗横纹及明显的纵皱，下部有支根2~3条，并着生多数细长的须根，须根上常有不明显的细小疣状突出。根茎（芦头）长1~4cm，直径0.3~1.5cm，多拘挛而弯曲，具不定根（艼）和稀疏的凹窝状茎痕（芦碗）。质较硬，断面淡黄白色，显粉性，形成层环纹棕黄色，皮部有黄棕色的点状树脂道及放射状裂隙。香气特异，味微苦、甘。

或主根多与根茎近等长或较短，呈圆柱形、菱角形或人字形，长1~6cm。表面灰黄色，具纵皱纹，上部或中下部有环纹，支根多为2~3条，须根少而细长，清晰不乱，有较明显的疣状突起。根茎细长，少数粗短，中上部具稀疏或密集而深陷的茎痕。不定根较细，多下垂。

饮片

【炮制】润透，切薄片，干燥，或用时粉碎、捣碎。

本品呈圆形或类圆形薄片。外表皮灰黄色。切面淡黄白色或类白色，显粉性，形成层环纹棕黄色，皮部有黄棕色的点状树脂道及放射性裂隙。体轻，质脆。香气特异，味微苦、甘。

【性味与归经】甘、微苦，微温。归脾、肺、心、肾经。

【功能与主治】大补元气，复脉固脱，补脾益肺，生津养血，安神益智。用于体虚欲脱，肢冷脉微，脾虚食少，肺虚喘咳，津伤口渴，内热消渴，气血亏虚，久病虚羸，惊悸失眠，阳痿宫冷。

【用法与用量】3~9g，另煎兑服；也可研粉吞服，一次2g，一日2次。

【注意】不宜与藜芦、五灵脂同用。

【贮藏】置阴凉干燥处，密闭保存，防蛀。

黄芪

Huangqi

ASTRAGALI RADIX

本品为豆科植物蒙古黄芪*Astragalus membranaceus*（Fisch.）Bge. var. *mongholicus*（Bge.）Hsiao或膜荚黄芪*Astragalus membranaceus*（Fisch.）Bge.的干燥根。春、秋二

季采挖，除去须根和根头，晒干。

【性状】本品呈圆柱形，有的有分枝，上端较粗，长30~90cm，直径1~3.5cm。表面淡棕黄色或淡棕褐色，有不整齐的纵皱纹或纵沟。质硬而韧，不易折断，断面纤维性强，并显粉性，皮部黄白色，木部淡黄色，有放射状纹理和裂隙，老根中心偶呈枯朽状，黑褐色或呈空洞。气微，味微甜，嚼之微有豆腥味。

饮片

【炮制】除去杂质，大小分开，洗净，润透，切厚片，干燥。

本品呈类圆形或椭圆形的厚片，外表皮黄白色至淡棕褐色，可见纵皱纹或纵沟。切面皮部黄白色，木部淡黄色，有放射状纹理及裂隙，有的中心偶有枯朽状，黑褐色或呈空洞。气微，味微甜，嚼之有豆腥味。

【性味与归经】甘，微温。归肺、脾经。

【功能与主治】补气升阳，固表止汗，利水消肿，生津养血，行滞通痹，托毒排脓，敛疮生肌。用于气虚乏力，食少便溏，中气下陷，久泻脱肛，便血崩漏，表虚自汗，气虚水肿，内热消渴，血虚萎黄，半身不遂，痹痛麻木，痈疽难溃，久溃不敛。

【用法与用量】9~30g。

【贮藏】置通风干燥处，防潮，防蛀。

甘草

Gancao

GLYCYRRHIZAE RADIX ET RHIZOMA

本品为豆科植物甘草*Glycyrrhiza uralensis* Fisch.、胀果甘草*Glycyrrhiza inflata* Bat.或光果甘草*Glycyrrhiza glabra* L.的干燥根和根茎。春、秋二季采挖，除去须根，晒干。

【性状】**甘草**　根呈圆柱形，长25~100cm，直径0.6~3.5cm。外皮松紧不一。表面红棕色或灰棕色，具显著的纵皱纹、沟纹、皮孔及稀疏的细根痕。质坚实，断面略显纤维性，黄白色，粉性，形成层环明显，射线放射状，有的有裂隙。根茎呈圆柱形，表面有芽痕，断面中部有髓。气微，味甜而特殊。

胀果甘草　根和根茎木质粗壮，有的分枝，外皮粗糙，多灰棕色或灰褐色。质坚硬，木质纤维多，粉性小。根茎不定芽多而粗大。

光果甘草　根和根茎质地较坚实，有的分枝，外皮不粗糙，多灰棕色，皮孔细而不明显。

饮片

【炮制】除去杂质，洗净，润透，切厚片，干燥。

本品呈类圆形或椭圆形的厚片。外表皮红棕色或灰棕色，具纵皱纹。切面略显纤维性，中心黄白色，有明显放射状纹理及形成层环。质坚实，具粉性。气微，味甜而特殊。

【性味与归经】甘，平。归心、肺、脾、胃经。

【功能与主治】补脾益气，清热解毒，祛痰止咳，缓急止痛，调和诸药。用于脾胃虚弱，倦怠乏力，心悸气短，咳嗽痰多，脘腹、四肢挛急疼痛，痈肿疮毒，缓解药物毒性、烈性。

【用法与用量】2~10g。

【注意】不宜与海藻、京大戟、红大戟、甘遂、芫花同用。

【贮藏】置通风干燥处，防蛀。

牛膝
Niuxi
ACHYRANTHIS BIDENTATAE RADIX

本品为苋科植物牛膝*Achyranthes bidentata* Bl.的干燥根。冬季茎叶枯萎时采挖，除去须根和泥沙，捆成小把，晒至干皱后，将顶端切齐，晒干。

【性状】本品呈细长圆柱形，挺直或稍弯曲，长15~70cm，直径0.4~1cm。表面灰黄色或淡棕色，有微扭曲的细纵皱纹、排列稀疏的侧根痕和横长皮孔样的突起。质硬脆，易折断，受潮后变软，断面平坦，淡棕色，略呈角质样而油润，中心维管束木质部较大，黄白色，其外周散有多数黄白色点状维管束，断续排列成2~4轮。气微，味微甜而稍苦涩。

饮片

【炮制】除去杂质，洗净，润透，除去残留芦头，切段，干燥。

本品呈圆柱形的段。外表皮灰黄色或淡棕色，有微细的纵皱纹及横长皮孔。质硬脆，易折断，受潮变软。切面平坦，淡棕色或棕色，略呈角质样而油润，中心维管束木部较大，黄白色，其外围散有多数黄白色点状维管束，断续排列成2~4轮。气微，味微甜而稍苦涩。

【性味与归经】苦、甘、酸，平。归肝、肾经。

【功能与主治】逐瘀通经，补肝肾，强筋骨，利尿通淋，引血下行。用于经闭，痛经，腰膝酸痛，筋骨无力，淋证，水肿，头痛，眩晕，牙痛，口疮，吐血，衄血。

【用法与用量】5~12g。

【注意】孕妇慎用。

【贮藏】置阴凉干燥处，防潮。

板蓝根
Banlangen
ISATIDIS RADIX

本品为十字花科植物菘蓝*Isatis indigotica* Fort.的干燥根。秋季采挖，除去泥沙，晒干。

【性状】本品呈圆柱形，稍扭曲，长10~20cm，直径0.5~1cm。表面淡灰黄色或淡棕黄色，有纵皱纹、横长皮孔样突起及支根痕。根头略膨大，可见暗绿色或暗棕色轮状排列的叶柄残基和密集的疣状突起。体实，质略软，断面皮部黄白色，木部黄色。气微，味微甜后苦涩。

饮片

【炮制】除去杂质，洗净，润透，切厚片，干燥。

本品呈圆形的厚片。外表皮淡灰黄色至淡棕黄色，有纵皱纹。切面皮部黄白色，木部黄色。气微，味微甜后苦涩。

【性味与归经】苦，寒。归心、胃经。

【功能与主治】清热解毒，凉血利咽。用于温疫时毒，发热咽痛，温毒发斑，痄腮，烂喉丹痧，大头瘟疫，丹毒，痈肿。

【用法与用量】9~15g。

【贮藏】置干燥处，防霉，防蛀。

鸡血藤
Jixueteng
SPATHOLOBI CAULIS

本品为豆科植物密花豆*Spatholobus suberectus* Dunn的干燥藤茎。秋、冬二季采收，除去枝叶，切片，晒干。

【性状】本品为椭圆形、长矩圆形或不规则的斜切片，厚0.3~1cm。栓皮灰棕色，有的可见灰白色斑，栓皮脱落处显红棕色。质坚硬。切面木部红棕色或棕色，导管孔多数；韧皮部有树脂状分泌物呈红棕色至黑棕色，与木部相间排列呈数个同心性椭圆形环或偏心性半圆形环；髓部偏向一侧。气微，味涩。

【性味与归经】苦、甘，温。归肝、肾经。

【功能与主治】活血补血，调经止痛，舒筋活络。用于月经不调，痛经，经闭，风湿痹痛，麻木瘫痪，血虚萎黄。

【用法与用量】9~15g。

【贮藏】置通风干燥处，防霉，防蛀。

钩藤

Gouteng

UNCARIAE RAMULUS CUM UNCIS

本品为茜草科植物钩藤 *Unacaria rhynchophylla*（Miq.）Miq. ex Havil.、大叶钩藤 *Uncaria macrophylla* Wall.、毛钩藤 *Uncaria hirsuta* Havil.、华钩藤 *Uncaria sinensis*（Oliv.）Havil.或无柄果钩藤 *Uncaria sessilifructus* Roxb.的干燥带钩茎枝。秋、冬二季采收，去叶，切段，晒干。

【性状】本品茎枝呈圆柱形或类方柱形，长2~3cm，直径0.2~0.5cm。表面红棕色至紫红色者具细纵纹，光滑无毛；黄绿色至灰褐色者有的可见白色点状皮孔，被黄褐色柔毛。多数枝节上对生两个向下弯曲的钩（不育花序梗），或仅一侧有钩，另一侧为突起的瘢痕；钩略扁或稍圆，先端细尖，基部较阔；钩基部的枝上可见叶柄脱落后的窝点状痕迹和环状的托叶痕。质坚韧，断面黄棕色，皮部纤维性，髓部黄白色或中空。气微，味淡。

【性味与归经】甘，凉。归肝、心包经。

【功能与主治】息风定惊，清热平肝。用于肝风内动，惊痫抽搐，高热惊厥，感冒夹惊，小儿惊啼，妊娠子痫，头痛眩晕。

【用法与用量】3~12g，后下。

【贮藏】置干燥处。

杜仲

Duzhong

EUCOMMIAE CORTEX

本品为杜仲科植物杜仲*Eucommia ulmoides* Oliv.的干燥树皮。4~6月剥取，刮去粗皮，堆置“发汗”至内皮呈紫褐色，晒干。

【性状】本品呈板片状或两边稍向内卷，大小不一，厚3~7mm。外表面淡棕色或灰褐色，有明显的皱纹或纵裂槽纹，有的树皮较薄，未去粗皮，可见明显的皮孔。内表面暗紫色，光滑。质脆，易折断，断面有细密、银白色、富弹性的橡胶丝相连。气微，味稍苦。

饮片

【炮制】刮去残留粗皮，洗净，切块或丝，干燥。

本品呈小方块或丝状。外表面淡棕色或灰褐色，有明显的皱纹。内表面暗紫色，光滑。断面有细密、银白色、富弹性的橡胶丝相连。气微，味稍苦。

【性味与归经】甘，温。归肝、肾经。

【功能与主治】补肝肾，强筋骨，安胎。用于肝肾不足，腰膝酸痛，筋骨无力，头晕目眩，妊娠漏血，胎动不安。

【用法与用量】6~10g。

【贮藏】置通风干燥处。

黄柏

Huangbo

PHELLODENDRI CHINENSIS CORTEX

本品为芸香科植物黄皮树*Phellodendron chinense* Schneid.的干燥树皮。习称“川黄柏”。剥取树皮后，除去粗皮，晒干。

【性状】本品呈板片状或浅槽状，长宽不一，厚1~6mm。外表面黄褐色或黄棕色，平坦或具纵沟纹，有的可见皮孔痕及残存的灰褐色粗皮；内表面暗黄色或淡棕色，具细密的纵棱纹。体轻，质硬，断面纤维性，呈裂片状分层，深黄色。气微，味极苦，嚼之有黏性。

饮片

【炮制】除去杂质，喷淋清水，润透，切丝，干燥。

本品呈丝条状。外表面黄褐色或黄棕色。内表面暗黄色或淡棕色，具纵棱纹。切面纤维性，呈裂片状分层，深黄色。味极苦。

【性味与归经】苦，寒。归肾、膀胱经。

【功能与主治】清热燥湿，泻火除蒸，解毒疗疮。用于湿热泻痢，黄疸尿赤，带下阴痒，热淋涩痛，骨蒸劳热，盗汗，遗精，疮疡肿毒，湿疹湿疮。盐黄柏滋阴降火。用于阴虚火旺，盗汗骨蒸。

【用法与用量】3~12g。外用适量。

【贮藏】置通风干燥处，防潮。

番泻叶

Fanxieye

SENNAE FOLIUM

本品为豆科植物狭叶番泻*Cassia angustifolia* Vahl或尖叶番泻*Cassia acutifolia* Delile的干燥小叶。

【性状】**狭叶番泻**　呈长卵形或卵状披针形，长1.5~5cm，宽0.4~2cm，叶端急尖，叶基稍不对称，全缘。上表面黄绿色，下表面浅黄绿色，无毛或近无毛，叶脉稍隆起。革质。气微弱而特异，味微苦，稍有黏性。

尖叶番泻　呈披针形或长卵形，略卷曲，叶端短尖或微突，叶基不对称，两面均有细短毛茸。

【性味与归经】甘、苦，寒。归大肠经。

【功能与主治】泻热行滞，通便，利水。用于热结积滞，便秘腹痛，水肿胀满。

【用法与用量】2~6g，后下，或开水泡服。

【注意】孕妇慎用。

【贮藏】避光，置通风干燥处。

大青叶

Daqingye

ISATIDIS FOLIUM

本品为十字花科植物菘蓝*Isatis indigotica* Fort.的干燥叶。夏、秋二季分2~3次采收，除去杂质，晒干。

【性状】本品多皱缩卷曲，有的破碎。完整叶片展平后呈长椭圆形至长圆状倒披针形，长5~20cm，宽2~6cm；上表面暗灰绿色，有的可见色较深稍突起的小点；先端钝，全缘或微波状，基部狭窄下延至叶柄呈翼状；叶柄长4~10cm，淡棕黄色。质脆。气微，味微酸、苦、涩。

饮片

【炮制】除去杂质，清水洗，切碎，干燥。

本品为不规则的碎段。叶片暗灰绿色，叶上表面有的可见色较深稍突起的小点；叶柄碎片淡棕黄色。质脆。气微，味微酸、苦、涩。

【性味与归经】苦，寒。归心、胃经。

【功能与主治】清热解毒，凉血消斑。用于温病高热，神昏，发斑发疹，痄腮，喉痹，丹毒，痈肿。

【用法与用量】9~15g。

【贮藏】置通风干燥处，防霉。

金银花

Jinyinhua

LONICERAE JAPONICAE FLOS

本品为忍冬科植物忍冬*Lonicera japonica* Thunb.的干燥花蕾或带初开的花。夏初花开放前采收，干燥。

【性状】本品呈棒状，上粗下细，略弯曲，长2~3cm，上部直径约3mm，下部直径约1.5mm。表面黄白色或绿白色（贮久色渐深），密被短柔毛。偶见叶状苞片。花萼绿色，先端5裂，裂片有毛，长约2mm。开放者花冠筒状，先端二唇形；雄蕊5，附于筒壁，黄色；雌蕊1，子房无毛。气清香，味淡、微苦。

【性味与归经】甘，寒。归肺、心、胃经。

【功能与主治】清热解毒，疏散风热。用于痈肿疔疮，喉痹，丹毒，热毒血痢，风热感冒，温病发热。

【用法与用量】6~15g。

【贮藏】置阴凉干燥处，防潮，防蛀。

红花
Honghua
CARTHAMI FLOS

本品为菊科植物红花 *Carthamus tinctorius* L.的干燥花。夏季花由黄变红时采摘，阴干或晒干。

【性状】本品为不带子房的管状花，长1~2cm。表面红黄色或红色。花冠筒细长，先端5裂，裂片呈狭条形，长5~8mm；雄蕊5，花药聚合成筒状，黄白色；柱头长圆柱形，顶端微分叉。质柔软。气微香，味微苦。

【性味与归经】辛，温。归心、肝经。

【功能与主治】活血通经，散瘀止痛。用于经闭，痛经，恶露不行，癥瘕痞块，胸痹心痛，瘀滞腹痛，胸胁刺痛，跌扑损伤，疮疡肿痛。

【用法与用量】3~10g。

【注意】孕妇慎用。

【贮藏】置阴凉干燥处，防潮，防蛀。

丁香
Ding xiang
CARYOPHYLLI FLOS

本品为桃金娘科植物丁香 *Eugenia caryophyllata* Thunb.的干燥花蕾。当花蕾由绿色转红时采摘，晒干。

【性状】本品略呈研棒状，长1~2cm。花冠圆球形，直径0.3~0.5cm，花瓣4，复瓦状抱合，棕褐色或褐黄色，花瓣内为雄蕊和花柱，搓碎后可见众多黄色细粒状的花药。萼筒圆柱状，略扁，有的稍弯曲，长0.7~1.4cm，直径0.3~0.6cm，红棕色或棕褐色，上部有4枚三角状的萼片，十字状分开。质坚实，富油性。气芳香、浓烈，味辛辣、有麻舌感。

饮片

【炮制】除去杂质，筛去灰屑。用时捣碎。

【性味与归经】辛，温。归脾、胃、肺、肾经。

【功能与主治】温中降逆，补肾助阳。用于脾胃虚寒，呃逆呕吐，食少吐泻，心腹冷痛，肾虚阳痿。

【用法与用量】1~3g，内服或研末外敷。

【注意】不宜与郁金同用。

【贮藏】置阴凉干燥处。

枸杞子

Gouqizi

LYCII FRUCTUS

本品为茄科植物宁夏枸杞 *Lycium barbarum* L. 的干燥成熟果实。夏、秋二季果实呈红色时采收，热风烘干，除去果梗，或晾至皮皱后，晒干，除去果梗。

【性状】本品呈类纺锤形或椭圆形，长6~20mm，直径3~10mm。表面红色或暗红色，顶端有小突起状的花柱痕，基部有白色的果梗痕。果皮柔韧，皱缩；果肉肉质，柔润。种子20~50粒，类肾形，扁而翘，长1.5~1.9mm，宽1~1.7mm，表面浅黄色或棕黄色。气微，味甜。

【性味与归经】甘，平。归肝、肾经。

【功能与主治】滋补肝肾，益精明目。用于虚劳精亏，腰膝酸痛，眩晕耳鸣，阳痿遗精，内热消渴，血虚萎黄，目昏不明。

【用法与用量】6~12g。

【贮藏】置阴凉干燥处，防闷热，防潮，防蛀。

薄荷

Bohe

MENTHAE HAPLOCALYCIS HERBA

本品为唇形科植物薄荷 *Mentha haplocalyx* Briq. 的干燥地上部分。夏、秋二季茎叶茂盛或花开至三轮时，选晴天，分次采割，晒干或阴干。

【性状】本品茎呈方柱形，有对生分枝，长15~40cm，直径0.2~0.4cm；表面紫棕色或淡绿色，棱角处具茸毛，节间长2~5cm；质脆，断面白色，髓部中空。叶对生，有短柄；叶片皱缩卷曲，完整者展平后呈宽披针形、长椭圆形或卵形，长2~7cm，宽1~3cm；上表面深绿色，下表面灰绿色，稀被茸毛，有凹点状腺鳞。轮伞花序腋生，花萼钟状，先端5齿裂，花冠淡紫色。揉搓后有特殊清凉香气，味辛凉。

饮片

【炮制】除去老茎和杂质，略喷清水，稍润，切短段，及时低温干燥。

本品呈不规则的段。茎方柱形，表面紫棕色或淡绿色，具纵棱线，棱角处具茸毛。切面白色，中空。叶多破碎，上表面深绿色，下表面灰绿色，稀被茸毛。轮伞花序腋生，花萼钟状，先端5齿裂，花冠淡紫色。揉搓后有特殊清凉香气，味辛凉。

【性味与归经】辛，凉。归肺、肝经。

【功能与主治】疏散风热，清利头目，利咽，透疹，疏肝行气。用于风热感冒，风温初起，头痛，目赤，喉痹，口疮，风疹，麻疹，胸胁胀闷。

【用法与用量】3~6g，后下。

【贮藏】置阴凉干燥处。

麻黄

Mahuang

EPHEDRAE HERBA

本品为麻黄科植物草麻黄*Ephedra sinica* Stapf、中麻黄*Ephedra intermedia* Schrenk et C. A. Mey.或木贼麻黄*Ephedra equisetina* Bge.的干燥草质茎。秋季采割绿色的草质茎，晒干。

【性状】**草麻黄**　呈细长圆柱形，少分枝，直径1~2mm。有的带少量棕色木质茎。表面淡绿色至黄绿色，有细纵脊线，触之微有粗糙感。节明显，节间长2~6cm。节上有膜质鳞叶，长3~4mm；裂片2（稀3），锐三角形，先端灰白色，反曲，基部联合成筒状，红棕色。体轻，质脆，易折断，断面略呈纤维性，周边绿黄色，髓部红棕色，近圆形。气微香，味涩、微苦。

中麻黄　多分枝，直径1.5~3mm，有粗糙感。节上膜质鳞叶长2~3mm，裂片3（稀2），先端锐尖。断面髓部呈三角状圆形。

木贼麻黄 较多分枝，直径1~1.5mm，无粗糙感。节间长1.5~3cm。膜质鳞叶长1~2mm；裂片2（稀3），上部为短三角形，灰白色，先端多不反曲，基部棕红色至棕黑色。

饮片

【炮制】**麻黄** 除去木质茎、残根及杂质，切段。

本品呈圆柱形的段。表面淡黄绿色至黄绿色，粗糙，有细纵脊线，节上有细小鳞叶。切面中心显红黄色。气微香，味涩、微苦。

【性味与归经】辛、微苦，温。归肺、膀胱经。

【功能与主治】发汗散寒，宣肺平喘，利水消肿。用于风寒感冒，胸闷喘咳，风水浮肿。蜜麻黄润肺止咳。多用于表证已解，气喘咳嗽。

【用法与用量】2~10g。

【贮藏】置通风干燥处。防潮。

茯苓
Fuling
PORIA

本品为多孔菌科真菌茯苓 *Poria cocos*（Schw.）Wolf 的干燥菌核。多于7~9月采挖，挖出后除去泥沙，堆置“发汗”后，摊开晾至表面干燥，再“发汗”，反复数次至现皱纹、内部水分大部散失后，阴干，称为“茯苓个”；或将鲜茯苓按不同部位切制，阴干，分别称为“茯苓块”和“茯苓片”。

【性状】**茯苓个** 呈类球形、椭圆形、扁圆形或不规则团块，大小不一。外皮薄而粗糙，棕褐色至黑褐色，有明显的皱缩纹理。体重，质坚实，断面颗粒性，有的具裂隙，外层淡棕色，内部白色，少数淡红色，有的中间抱有松根。气微，味淡，嚼之粘牙。

茯苓块 为去皮后切制的茯苓，呈立方块状或方块状厚片，大小不一。白色、淡红色或淡棕色。

茯苓片 为去皮后切制的茯苓，呈不规则厚片，厚薄不一。白色、淡红色或淡棕色。

饮片

【炮制】取茯苓个，浸泡，洗净，润后稍蒸，及时削去外皮，切制成块或切厚片，晒干。

【性味与归经】甘、淡，平。归心、肺、脾、肾经。

【功能与主治】利水渗湿，健脾，宁心。用于水肿尿少，痰饮眩悸，脾虚食少，便溏泄泻，心神不安，惊悸失眠。

【用法与用量】10~15g。

【贮藏】置干燥处，防潮。

蛤蚧

Gejie

GECKO

本品为壁虎科动物蛤蚧*Gekko gecko* Linnaeus的干燥体。全年均可捕捉，除去内脏，拭净，用竹片撑开，使全体扁平顺直，低温干燥。

【性状】本品呈扁片状，头颈部及躯干部长9~18cm，头颈部约占1/3，腹背部宽6~11cm，尾长6~12cm。头略呈扁三角状，两眼多凹陷成窟窿，口内有细齿，生于颚的边缘，无异型大齿。吻部半圆形，吻鳞不切鼻孔，与鼻鳞相连，上鼻鳞左右各1片，上唇鳞12~14对，下唇鳞21片。腹背部呈椭圆形，腹薄。背部呈灰黑色或银灰色，有黄白色、灰绿色或橙红色斑点散在或密集成不显著的斑纹，脊椎骨和两侧肋骨突起。四足均具5趾；趾间仅具蹼迹，足趾底有吸盘。尾细而坚实，微现骨节，与背部颜色相同，有6~7个明显的银灰色环带，有的再生尾较原生尾短，且银灰色环带不明显。全身密被圆形或多角形微有光泽的细鳞。气腥，味微咸。

【性味与归经】咸，平。归肺、肾经。

【功能与主治】补肺益肾，纳气定喘，助阳益精。用于肺肾不足，虚喘气促，劳嗽咳血，阳痿，遗精。

【用法与用量】3~6g，多入丸散或酒剂。

【贮藏】用木箱严密封装，常用花椒拌存，置阴凉干燥处，防蛀。

朱砂

Zhusha

CINNABARIS

本品为硫化物类矿物辰砂族辰砂，主含硫化汞（HgS）。采挖后，选取纯净者，用磁铁吸净含铁的杂质，再用水淘去杂石和泥沙。

【性状】本品为粒状或块状集合体，呈颗粒状或块片状。鲜红色或暗红色，条痕红色至褐红色，具光泽。体重，质脆，片状者易破碎，粉末状者有闪烁的光泽。气微，味淡。

饮片

本品为朱红色极细粉末，体轻，以手指撮之无粒状物，以磁铁吸之，无铁末。气微，味淡。

【性味与归经】甘，微寒；有毒。归心经。

【功能与主治】清心镇惊，安神，明目，解毒。用于心悸易惊，失眠多梦，癫痫发狂，小儿惊风，视物昏花，口疮，喉痹，疮疡肿毒。

【用法与用量】0.1~0.5g，多入丸散，不宜入煎剂。外用适量。

【注意】本品有毒，不宜大量服用，也不宜少量久服；孕妇及肝肾功能不全者禁用。

【贮藏】置干燥处。

没药
Moyao
MYRRHA

本品为橄榄科植物地丁树 *Commiphora myrrha* Engl. 或哈地丁树 *Commiphora molmol* Engl. 的干燥树脂。分为天然没药和胶质没药。

【性状】**天然没药** 呈不规则颗粒性团块，大小不等，大者直径长达6cm以上。表面黄棕色或红棕色，近半透明部分呈棕黑色，被有黄色粉尘。质坚脆，破碎面不整齐，无光泽。有特异香气，味苦而微辛。

胶质没药 呈不规则块状和颗粒，多黏结成大小不等的团块，大者直径长达6cm以上，表面棕黄色至棕褐色，不透明，质坚实或疏松，有特异香气，味苦而有黏性。

饮片

【炮制】**醋没药** 取净没药，照醋炙法（通则0213），炒至表面光亮。

每100kg没药，用醋5kg。

本品呈不规则小块状或类圆形颗粒状，表面棕褐色或黑褐色，有光泽。具特异香气，略有醋香气，味苦而微辛。

【性味与归经】辛、苦，平。归心、肝、脾经。

【功能与主治】散瘀定痛，消肿生肌。用于胸痹心痛，胃脘疼痛，痛经经闭，产后瘀阻，癥瘕腹痛，风湿痹痛，跌打损伤，痈肿疮疡。

【用法与用量】3~5g，炮制去油，多入丸散用。

【注意】孕妇及胃弱者慎用。

【贮藏】置阴凉干燥处。

实训十三　中药处方调配（中药专业）

工作任务单(表13-1)

表13-1　中药处方调配工作任务单

序号	岗位	工作任务
01	中药调剂员	认识中药饮片的调剂用具并会使用
02	中药调剂员	审核处方，指出处方中错误的地方
03	中药调剂员	调配处方，将合格的处方按要求正确调配
04	中药调剂员	将调配好的中药饮片打包、发药并进行用药交代

【实训目标】

1.掌握中药调配常用工具的操作方法，包括能正确使用戥秤和电子秤，并能进行中药的称取。

2.能正确使用冲筒或小型粉碎机进行中药的粉碎。

3.掌握中药处方审方的内容及注意事项，熟悉中药配伍禁忌的内容、中药名称和处方应付，能准确、熟练地进行处方调配。

4.能将调配好的药品正确发给顾客并进行用药交代。

【实训准备】

1.中药饮片　黄芪、地龙、归尾、桃仁、赤芍、红花、川芎、甘草、黄芩、银花、连翘、知母、生地、薄荷、石膏、酸枣仁、远志、柏子仁、当归、白术、茯神、茯苓、炙甘草、柴胡、延胡索、蒲公英枳壳、生地、丹参、甘草、紫河车、红参、熟地、当归、淮山、枣皮、黄精、制首乌、天麻、钩藤、川牛膝、杜仲、益母草、首乌藤、朱茯神。

2.相关工具及用品　中药处方药柜、问题中药处方、合格中药处方、剪刀、中药饮片，调剂用工具包括戥秤、审慎、冲筒、盛药盘、门票、分药漏斗、小纱布袋、包装线等。

【技能操作】

1. 分组及角色分工。将学生分成2~3人一组，分别担任药师、营业员、顾客等角色。

2. 指出中药调剂台上调剂用工具名称，能正确使用、认识戥秤。

3. 对表13-2~表13-11的病例处方进行处方分析，审核处方是否符合要求。

表13-2　处方1

×××××医院处方签			
姓名 ×××	性别 女	年龄22（孕4+月）	单位 ×××××
病案号 ××××××			日期 ×××
诊断：外感风热			
R：			
薄荷 10g	葛根 10g	桑叶 6g	
菊花 6g	炒三仙 30g	双花 10g	
大戟 10g	蝉蜕 5g	甘草 5g	
			代煎7剂
医师 ×××	金额 ×××	调配　　核对	发药

表13-3　处方2

×××××医院处方签			
姓名 ×××	性别 男	年龄40	单位 ×××××
病案号 ××××××			日期 ×××
诊断：痰热壅肺证			
R：			
麻黄9g	白果10g	天南星12g	款冬花9g
紫苏子6g	苦杏仁后下6g	桑白皮9g	石膏6g
青蒿15g	瓜蒌子12g	枇杷叶6g	甘草3g
		每日1剂，水煎服，早晚各1次	
医师 ×××	金额 ×××	调配　　核对	发药

表13-4　处方3

×××××医院处方签			
姓名 ×××	性别 男	年龄 56	单位 ×××××
病案号 ××××××			日期 ×××
诊断：痹证			
R：			
草乌 30克	牛膝 10克	归尾 12克	
杜仲 15克	独活 12克	寄生 20克	
桂枝 20克	白芍 15克	秦艽 15克	
甘草 6克	赤石脂 10克	茯苓 12克	
生姜 10克			
			代煎15剂
医师 ×××	金额 ×××	调配	核对　发药

表13-5　处方4

×××××医院处方签			
姓名 ×××	性别 女	年龄 34	单位 ×××××
病案号 ××××××			日期 ×××
诊断：早孕			
R：			
红花 8克	青皮 10克	桃仁 12克	
滑石 20克	当归 12克	川芎 6克	
黄芩 12克	生地 12克	元寸 0.5克	
甘草 6克			
医师 ×××	金额 ×××	调配	核对　发药

表 13-6　处方 5

××××× 医院处方签			
姓名 ×××	性别 女	年龄 70	单位 ×××××
病案号 ××××××			日期 ×××
诊断：肝火上炎			
R：			
龙胆草 9 克	栀子 20 克	关木通 15 克	
北柴胡 6 克	鲜生地 20 克	车前子 20 克	
泽泻 15 克	黄芩 12 克	当归 12 克	
茅根 20 克	蒲黄 15 克	甘草 6 克	
			代煎 4 剂
医师 ×××	金额 ×××	调配	核对　发药

表 13-7　处方 6

××××× 医院处方签			
姓名 ×××	性别 男	年龄 20	单位 ×××××
病案号 ××××××			日期 ×××
诊断：			
R：			
石膏 12 克	黎芦 20 克	党参 15 克	
白术 12 克	茯苓 12 克	甘草 12 克	
五灵脂 10 克	大腹皮 12 克		
			3 剂
医师 ×××	金额 ×××	调配	核对　发药

表13-8　处方7

×××××医院处方签			
姓名 ×××	性别 女	年龄　成	单位 ×××××
病案号 ××××××			日期 ×××
诊断：风热感冒			
R：			
双花 20克	鼠粘子 12克	薄荷 8克	苇茎 12克
豆豉 12克	桔梗 10克	连翘 10克	荆芥 10克
板蓝根 20克	蚤休 10克	甘草 6克	银花 15克
			代煎5剂
医师 ×××	金额 ×××	调配　　核对	发药

表13-9　处方8

×××××医院处方签			
姓名 ×××	性别 男	年龄 28	单位 ×××××
病案号 ××××××			日期 ×××
诊断：腑实证			
R：			
将军 30克	芒硝 15克	枳实 15克	
厚朴 15克	石膏 20克	大黄 30克	
		代煎7剂	
医师 ×××	金额 ×××	调配　　核对	发药

表13-10　处方9

×××××医院处方签			
姓名 ××× 病案号 ××××××	性别 女	年龄　成	单位 ××××× 日期 ×××
诊断：胃脘痛			
R： 元胡10克	白术14克	郁金12克	茯苓14克
白芍15克	甘草6克	桂枝10克	丁香10克
旋覆花15克	珍珠母20克	柴胡10克	西党12克
			代煎20剂
医师 ×××	金额　×××	调配　　核对	发药

表13-11　处方10

×××××医院处方签			
姓名 ××× 病案号 ××××××	性别　男	年龄40	单位 ××××× 日期 ×××
诊断：尿结石			
R： 海金沙15克	石韦10克	瞿麦12克	木通9克
前仁12克	木通5克	金钱草15克	川牛膝6克
鸡内金15克	枳壳9克	甘草3克	
		每日1剂，水煎服，早晚各1次	
医师 ×××	金额　×××	调配　　核对	发药

4.将审核合格的处方进行调配（随机抽取一个处方，调配3剂）。

（1）中风后遗症

黄芪20克　　地龙10克　　归尾15克　　桃仁10克　　赤芍10克

红花10克　川芎10克　甘草3克

（2）流感发热

黄芩10克　银花15克　连翘10克　知母10克　生地15克

薄荷12克　石膏15克　甘草3克

（3）心悸失眠

酸枣仁15克　远志10克　柏子仁12克　当归15克　白术12克

茯神10克　茯苓12克　炙甘草5克

（4）胆囊炎

柴胡10克　延胡索12克　黄芩12克　蒲公英20克　枳壳10克

生地15克　丹参15克　甘草3克

（5）再生障碍性贫血

紫河车5克　红参9克　熟地20克　当归身15克　淮山15克

枣皮10克　黄精12克　制首乌12克

（6）高血压

天麻9克　钩藤12克　黄芩9克　川牛膝12克　杜仲10克

益母草10克　首乌藤12克　朱茯神9克

5.将调配好的药品发给顾客，并进行用药交代

6.考核内容及评分表。评价包括两个方面，总分为100分，其中职业素养与操作规范占该项目总分的20%，操作结果即作品分占该项的80%，职业素养与操作规范及作品分两项均需合格，总成绩评定为合格。具体评分标准如表13-12所示。

表13-12　中药处方调配评分标准

评价内容		配分	考核点	备注
职业素养与操作规范（20分）		5	工作服穿着规范，双手洁净，不染指甲，不留长指甲，不披发	
		15	操作完毕后将工具等清理复位	
作品（80分）	认识中药调剂台及工具	10	能够正确说出中药调剂台上的用具，能正确使用戥秤，能正确读秤	
	审方	20	能读懂处方，明确医师的用药目的，对处方的完整性、合法性、处方书写的规范性及用药适宜性以及配伍禁忌、是否超剂量用药等能进行正确审核	
	调配	20	按照处方要求将药品准确调配好，做到处方应对准确，摆放规范，剂量准确，操作规范，写好医嘱并复核正确	
	用药交代	30	正确交代用法用量、注意事项及健康指导、特别提示等	

【操作规程】

（一）收方、审方

1. 接收处方　略。

2. 审核处方　处方审核内容：①处方的前记，后记；②药物名称、用量是否齐全；③配伍禁忌、妊娠禁忌；④煎煮特殊要求；

（二）划价

一般标价为10克的价格，药的单位一般为克每味药的价格=处方中药的重量*单价/10；单剂量处方的价格=处方中中药价格的总和；N剂处方的价格=单剂量处方的价格*N。

（三）调配处方

流程：调配前清场→查看处方→选择门票→校对戥秤→称取饮片→分剂量→自查签字→调配后清场。

（四）复核

药物全部称完后，应对照处方，检查数量和重量是否相符合。

（五）包药，发药及用药指导

1. 发药时要呼叫患者的姓名及处方编号。应做到五核对，即姓名、处方编号、发票编号、配方剂数、发票金额的核对。

2. 发出药物时，处方中需特殊处理药物或需另加“药引”及煎法、用法、服药方法、服药禁忌、内服、外用等需向患者说明。特别是内有细料和剧烈药品的更需耐心细致地向患者解释清楚。

3. 用药指导　这里简单介绍一下服药时的饮食禁忌。

（1）疾病忌口　一般疾病在服药期间应忌生冷、油腻、辛辣等不易消化的食物。

水肿——忌多盐　　发热——忌油腻

疮痈——忌羊肉、蟹、虾　　麻疹——忌油腻、酸涩

胃病——消化不良　　腹泻——生冷、忌油腻油炸

失眠——忌饮茶、咖啡

（2）服药禁忌　忌食与药性相反及影响疗效和吸收的食物

茯苓——忌醋　　地黄、何首乌——忌葱、萝卜、大蒜

甘草、黄连、桔梗、乌梅——忌猪肉　　薄荷——忌鳖肉

鳖甲——忌苋菜　　常山——忌葱　　土茯苓——忌茶

【相关知识】

（一）调剂用工具

现以戥秤为例做以简单介绍。

1.戥秤　戥秤俗称药戥子，是中药饮片调剂最常用的称量工具。戥杆是戥秤的关键部件，粗端固定着两个可供手提的短线绳，称为“戥纽”，俗称“毫”。左手夹持戥杆，细端指向左方，靠左侧的短绳为“里纽”，也称“前毫”；靠右侧的短绳为“外纽”，也称“后毫”。称取较轻的饮片时，提前毫；称取较重的饮片时，提后毫。

戥杆上有两排用铜或铅嵌成的小点，称为“戥星”，用于指示所称饮片的重量。提前毫时最右边的一颗星为“定盘星”。

2.戥秤的使用

（1）持戥　用左手虎口和食指、中指挟持戥杆，无名指、小指从戥杆下方拢住戥绳；右手拇指和食指捏住戥纽，其余三指自然弯曲，向上屈右腕使手心朝前，提起戥杆使戥盘悬空。

（2）校戥　左手拇指、食指将戥铊绳固定在定盘星上，右手提前毫使戥盘悬空，放开左手，戥杆、戥盘呈水平状态。每次使用戥秤前均需校戥，即检查戥子是否准确。如戥杆处于非水平状态，偏高或偏低，应检查戥盘与戥铊是否配套，戥盘两面是否粘附异物，戥盘绳是否搭缠于戥杆上，并做出相应处理。如果不是上述原因引起的戥杆偏高或偏低，说明该戥秤计量不准确，需要修理。

（3）称量　校戥无误后，方可开始抓药。用左手挟持戥杆，左手拇指、食指将戥铊绳移至所需称量的戥星上，右手抓药放入戥盘内，右手提毫齐目使戥盘悬空，左手稍离开戥杆，戥杆平衡时，戥星的指数就是所称药物的重量。

（二）碎药用具

1.冲筒　冲筒，又称冲钵、捣药罐、铜缸子，是中药调剂工作中必备的破碎药物的工具。处方中的某些矿物类、贝壳类、果实种子类和根及根茎类中药，由于不便于切片或特殊用药要求，整个应用不利于煎出有效成分，调剂时需要用冲筒临时捣碎入煎剂或另包，如赤石脂、砂仁、川贝母等。

2. 冲筒的使用

（1）清洁冲筒　用干净软布或鬃刷将冲筒内壁和杵棒擦拭或刷干净。

（2）放入药物　将需要捣碎的药物放入筒体内，注意药物不宜放入太多，以占筒体内容积的1/5~1/4为宜。

（3）捣碎　放入杵棒，盖好筒盖。左手扶持筒体，右手提起杵棒，用手腕的“甩劲”捣下。注意每次捣下时要用力均匀而有节奏，且常变换杵头方向，不要总捣在一个地方，以使筒内药物均匀受力，这样可使捣碎后的颗粒大小相近。

（4）倒出药物　取出杵棒，打开筒盖，左手手心向外虎口朝下托起缸体，翻腕使虎口朝上将药倒出。若有药物粘附筒体内壁，用圆头竹片或刮匀刮下。

（5）清场　用软布擦拭冲筒内壁和杵棒，将杵棒放入筒体，盖好筒盖，冲筒放回原位。

（三）处方的格式

《处方管理办法》规定：处方格式由省、自治区、直辖市卫生行政部门统一制定，处方由医疗机构按照规定的标准和格式印制。因此，各省市的处方样式并不相同，但依据国家中医药管理局2010年制定的《中药处方格式及书写规范》要求，中药处方格式应当包含以下内容。

1. 处方前记　包括医疗机构名称、费别、患者姓名、性别、年龄、门诊或住院病历号、科别等，诊断包括病名和证型（病名不明确的可不写病名），应填写清晰、完整，并与病历记载相一致。

2. 处方正文　处方正文是处方的重要部分，处方正文以Rp或R标示（Rp或R是拉丁文Recipe“请取”的缩写）。中药饮片处方包括药味名称、剂量、剂数、用法用量等；中成药处方包括药名、数量、剂型、规格、用量用法。

3. 处方后记　中药处方后记主要包括医师签名和（或）加盖专用签章、处方日期，药品金额，审核、调配、核对、发药药师签名和（或）加盖专用签章。

（四）处方审核的内容

1. 按顺序审核处方各项　按顺序审核处方的日期，患者姓名、性别、年龄，药名、剂量、剂贴数及医师签字（章）等。住院处方还要核对科别、住院号及病床号，发现问题应及时处理。

2. 审查要点　审查处方中的药物是否缺味，剂量是否准确，药名是否有书写潦草不清、药味重复、药量模糊或遗漏，有无毒性药、峻烈药超量或笔误等，如查看处方中有无药物重名，如既有“二冬”，也有“天冬”。若发现处方中有重名或其他问题，应及时联系原处方医师，要求其更正并签名，否则不予调配。

3.审核中药名称

（1）中药饮片的正名　中药正名是中药的规范化名称，是以《中国药典》(《中华人民共和国药典》的简称，以下同此）一部、部颁《药品标准》或《炮制规范》为依据，以历代本草文献为参考。多数中药正名只有一个，即一药一名，如大黄、金银花、甘草、当归等。

（2）中药饮片的别名　中药别名是指除正名以外的其他名称。多数中药除正名外，还有一个至多个别名。别名有一定的来历和解释，有的是在中药正名前冠以道地产地、采收季节、质量等方面的要求而构成，如怀牛膝、杭麦冬、霜桑叶、绵茵陈、明雄黄、肥知母、松贝等；有的是在用音、用字、用意等方面带有很强的地方性，如川军、枣皮、坤草、虫衣、红灯笼、羊合叶等。调剂人员应掌握常用中药处方正名和别名知识，查看处方时应注意有无别名，并根据其正名准确调配处方。

（3）中药饮片的并开药名　中药并开名是指将两种或两种以上疗效相似或有协同作用的药物名称缩写成一个名称，也称为“合写”，是一种习惯写法，如赤芍、白芍合写成“赤白芍”；生地黄、熟地黄合写成“生熟地”或“二地”。调剂人员应掌握常用中药并开药名，在审药名时，注意查看处方中有无并开名，并根据处方书写准确计价与调配处方。如焦三仙30克，即焦山楂10克、焦神曲10克、焦麦芽10克；赤白芍各10克，即白芍10克、赤芍10克。

（4）中药处方应付　中药处方应付是指调剂人员根据医师处方要求和传统习惯调配中药处方。各地区由于历史用药习惯和多年积累的丰富经验，形成了本地区的一套处方给药规律，即处方应付常规，使医师和调剂人员对处方名称和给付的不同炮制品种达成共识，在处方中无须注明炮制规格，调剂人员即可按医师处方用药意图给药。常见的处方应付实例如下。

A.处方直接写药名，需调配清炒品，如紫苏子、莱菔子、麦芽、王不留行、蔓荆子、酸枣仁、牛蒡子、苍耳子、芥子等，业内有“逢子必炒”之说。

B.处方直接写药名，需调配麸炒品，如白术、枳壳、僵蚕等。

C.处方直接写药名，需调配烫制品，如鳖甲、龟甲、穿山甲、狗脊、骨碎补等。

D.处方直接写药名，需调配炮制品，如何首乌、远志、吴茱萸、天南星、川乌、草乌、厚朴等。

E.处方直接写药名，需调配蜜炙品，如枇杷叶、马兜铃、桑白皮、罂粟壳等。

F.处方直接写药名，需调配醋炙品，如延胡索、乳香、没药、香附等。

G.处方直接写药名，需调配酒炙品，如黄精、女贞子、山茱萸、乌梢蛇等。

H.处方直接写药名，需调配盐炙品，如补骨脂、车前子、益智仁、杜仲、橘核等。

I.处方直接写药名，需调配煅制品，如自然铜、瓦楞子、花蕊石、钟乳石等。

J.处方直接写药名，需调配炭制品，如地榆、侧柏叶、蒲黄、棕榈等。

4.审核中药的用药禁忌　中药处方的用药禁忌主要包括配伍禁忌与妊娠禁忌，调剂人员在审方时尤其要重视该项内容，一旦发现存在用药禁忌，应及时与处方医师联系，更正相关内容，避免事故的发生。

（1）审配伍禁忌 《中国药典》（2015年版一部）在药材与饮片的“用法与用量”中对不宜同用的药物作了明确规定，具体内容如下：

①川乌、制川乌、草乌、制草乌、附子不宜与半夏、清半夏、姜半夏、法半夏、瓜蒌、瓜蒌子、瓜蒌皮、天花粉（栝楼根）、川贝母、浙贝母、平贝母、伊贝母、湖北贝母、白蔹、白及同用。

②甘草不宜与海藻、京大戟、甘遂和芫花同用。

③藜芦不宜与人参、人参叶、西洋参、红参、党参、苦参、玄参、丹参、南沙参、北沙参、细辛、赤芍、白芍同用。

④硫黄、三棱不宜与芒硝、玄明粉同用。

⑤狼毒不宜与密陀僧同用。

⑥巴豆、巴豆霜不宜与牵牛子同用。

⑦丁香不宜与郁金同用。

⑧五灵脂不宜与人参、人参叶、红参同用。

⑨肉桂不宜与赤石脂同用。

对有配伍禁忌的处方应当拒绝调配。必要时，经处方医师更正或重新签字方可调配（医师签字应在配伍禁忌药名处）。调剂后，原处方留存药店2年。

（2）审妊娠禁忌　调剂人员在审核处方时，应注意处方前记中的性别、年龄、婚否等内容，若为育龄妇女处方，需审查处方正文有无妊娠禁忌药。妊娠禁忌药是指妇女（除中断妊娠、引产外）应禁止使用或须谨慎使用的药物，《中国药典》（2015年版一部）的妊娠禁忌药主要有妊娠禁用药、妊娠忌用药与妊娠慎用药三类。调配时，若发现处方中有3味以上妊娠禁忌药配伍使用，就应询问顾客，如患者是孕妇，最好请处方医师在处方上注明，无误后方可调剂，且处方留存药店2年。

（3）审核毒、麻中药的使用

①毒性中药的使用　毒性中药系指毒性剧烈、治疗剂量与中毒剂量相近，使用不当会致人中毒或死亡的中药。为了加强对医疗用毒性药品的管理，保证用药安全，防止出现中毒和死亡的事故，国务院颁布了《医疗用毒性药品管理办法》，规定了28种毒性中药，药品经营企业和医疗单位在经营和使用毒性中药时必须遵守有关法规规定。

毒性中药品种：砒石（红砒、白砒），砒霜，水银，生马前子，生川乌，生草乌，生白附子，生附子，生半夏，生南星，生巴豆，斑蝥，青娘虫，红娘虫，生甘遂，生狼毒，生藤黄，生千金子，生天仙子，闹阳花，雪上一枝蒿，红升丹，白降丹，蟾酥，洋金花，红粉，轻粉，雄黄。

调配处方时，必须认真负责，计量准确，按医嘱注明要求，并由配方人员及具有药师以上技术职称的复核人员签名盖章后方可发出。对处方未注明“生用”的毒性中药，应当付炮制品。如发现处方有疑问时，须经原处方医生重新审定后再行调配。处方一次有效，取药后处方保存2年备查。

《中国药典》（2015年版一部）收载的药材与饮片中，有关毒性标准有“大毒”“有毒”“小毒”三类。中药调剂员应当掌握毒性中药的品种、用法用量及注意事项。

②麻醉中药的使用　1998年10月30日原国家药品监督管理局颁布了《罂粟壳管理暂行规定》，药品经营企业和医疗单位在经营和使用罂粟壳时应注意。

《中国药典》（2015年版一部）规定罂粟壳的用量为3~6g。由于本品有易成瘾性，故不宜常服；孕妇及儿童禁用；运动员慎用。严禁单味零售。

（五）调配操作

调配时先行洁净工具，如药盘、冲筒、戥盘等。然后拿起戥子，检查定盘星，固定盘星的零点，作为称药时零点标准，操作时注意称量的准确，反对眼估手抓。

1.操作要求

（1）按处方药名顺序依次抓配　横写的处方从左上角开始，向右逐味、逐行抓配；竖写的处方从右上角开始，向下逐味、逐列抓配。如两人同抓一方，则一人从前往后，另一人从后往前，依次抓配。一张处方最多可由两人同时进行调配。

（2）看一味抓一味，唱念处方　看处方一定要走到处方前，看清楚药名、剂量、脚注并读出声。声音大小快慢要使柜台前的顾客能听见，一般尾音稍拉长，就是所谓的“唱”。这个传统做法是有道理的，一是集中注意，加深记忆，不会抓错。二是使顾客感到调剂员的认真、规范，对调剂员以及药店产生信任和好感。三是两人同抓一方时，互相听着对方唱方，可避免重复抓药。

注意：看方时，既不要一下看两三味药然后凭记忆操作，也不要远远地瞟一眼处方就抓，这样容易出差错。

（3）铊绳定位，再抓药　先将铊绳移至需要称量的戥星上，用拇指压住，然后找药斗，右手拉斗，抓药。戥盘靠近药斗，手心向上将药取出，至戥盘上方翻手放药。对于海金沙、蒲黄、松花粉、白茅根炭等细小粉末类药物，调配时可用小勺盛取。只可用手由药斗内向戥秤盘抓药，不允许直接用戥盘由药斗内盛药。

（4）提戥齐眉，随手推斗　抓药后，右手提毫使戥盘悬空，左手稍离开戥杆，提戥齐目。戥杆呈水平状态时，表明称量准确，若戥杆偏高偏低，则需适量增减药物，至戥杆平衡为止。称完一味药后要顺手将药斗推回，既避免药味污染，又保持药斗整体美观，也不影响自己和别人操作。

（5）等量递减，逐剂复戥　调配一方多剂药时，可一次称出多剂单味药的总量（即称取克数=单味药剂量×剂数）再按剂数分开，称为“分剂量”。分剂量时要每倒一次，称量一次，即“等量递减，逐剂复戥”。不可凭主观臆测以手代戥，随意估量分剂或抓配。每一剂的重量误差应控制在±5%以内。调剂员应练就“一抓准”的本领，以提高配方速度。

（6）脚注药物，及时处理　处方中有特殊处理的药品，如先煎、后下、包煎、烊化等要单包成小包，写上药名、用法或盖上脚注章，将小包放在大包里。不要把脚注药放到最后处理，以免遗忘。

（7）倒药时按方序逐味排放　为便于复核，从戥子里向包装纸或盛药盘倒药时，要按药物在处方上所列的顺序排列。如处方第一个药名在左上角，那么该药也倒在盘内左上角。每味药倒的要集中一些，两味药尽量不要相互压盖，更不能混放一堆。对体质松泡而量大的饮片如灯心草、通草、夏枯草、淫羊藿等应先称，以免覆盖前药，对黏性大的药物如熟地、龙眼肉、瓜蒌等可后称，放在其他药味之上，以免沾染包装用纸或盛药盘。

（8）部分中药要捣碎　处方中有质地坚硬的矿物类、动物贝壳类和果实种子类中药，调配时需用冲筒临时捣碎后再分剂量，以利于煎出有效成分。在使用冲筒前，须先检查筒内是否洁净，有无残渣或粉末。凡捣碎毒性中药或有特殊气味的中药后，应及时将冲筒洗刷干净，以免串味串性，影响疗效或发生事故。临时捣碎以适度为宜。

（9）自查与签名签章　调配完一方后，先将戥子放好，自行逐味检查一遍，确认无误后在处方上签名，再交由复核药师进行复核。

2. 脚注处理 根据治疗需要和饮片的性质，医师在开汤剂处方时，会对某味药物的煎煮方法和用法提出简明要求，一般用小字写在药名右上角，称为脚注、旁注，其作用是提示调剂人员对该饮片采取相应的处理方法。脚注的内容一般包括炮制法、煎煮法、服法等。常见的脚注术语有先煎、后下、包煎、另煎、冲服、烊化、打碎、煎汤代水等。《中国药典》对需特殊处理的品种都有明确的规定。

（1）宜先煎的药　先煎也称“先下”，需要先煎的药主要包括以下几种。

①质地坚硬，不易煎透的矿物类、化石类、贝壳类及动物的角、骨、甲类饮片，如生蛤壳、生龙骨、生紫石英、生寒水石、生磁石、生牡蛎、生赭石、赤石脂、钟乳石、禹余粮、自然铜、生龙骨、石燕、生石决明、生珍珠母、生瓦楞子、水牛角丝、鳖甲、龟甲、鹿角霜等。调配时多需要捣碎。

②某些有毒饮片因毒性成分不耐热，久煎可以降低毒性，如制川乌、制草乌、附子、商陆等。

（2）宜后下的药　需要后下的药主要包括以下几种。

①气味芳香的饮片，如降香、沉香、薄荷、砂仁、豆蔻、青蒿、鱼腥草等。

②久煎后有效成分易被破坏的饮片，如钩藤、苦杏仁、徐长卿、生大黄（用于泻下）、番泻叶等。

（3）宜包煎的药　需要包煎的药主要包括以下几种。

①含黏液汁较多的饮片，包煎以免煎煮时粘糊锅底，如车前子、葶苈子等。

②表面有绒毛的饮片，包煎以免脱落的绒毛混入煎液中刺激喉咙，引起咳嗽，如旋覆花、辛夷、枇杷叶等。

③粉末状的饮片，包煎以免药末分散在汤液中，使服药不便，如蛤粉、蒲黄、海金沙、六一散、滑石粉等。

（4）宜另煎的药　另煎主要指贵重中药，如人参、红参、西洋参、羚羊角丝等。

（5）宜烊化（溶化）的药　烊化的药主要指胶类、蜜膏类中药，如阿胶、鳖甲胶、鹿角胶、饴糖、蜂蜜等。

（6）宜兑服的药　兑服主要指液体中药，如黄酒、竹沥水、鲜藕汁、姜汁、梨汁等。

（7）宜冲服的药　冲服主要指一些用量少、贵重的中药，如雷丸、蕲蛇、羚羊角粉、三七粉、琥珀、鹿茸、紫河车、沉香、金钱白花蛇等；或难溶于水的中药如牛黄、麝香等。

（8）宜捣碎、研碎的药　药名下注明“捣”“打”或“研粉”的药，应当用冲筒捣碎、用打粉机粉碎或用研钵研粉。调剂时需捣碎的中药多为含油脂或挥发油成分较多的果实种子类，药业有“逢子必捣”之说；也有少量坚硬的根及根茎类、矿物类、动物贝壳类中药等，即“完物必破”。根据药物自身的性质，将需要捣碎中药分为以下两类：

①可预先加工碾串（碎）备用的中药：瓦楞子、石决明、生石膏、石燕、龙骨、鹅管石、海浮石、花蕊石、芦荟、牡蛎、皂矾、青礞石、珍珠母、栀子、钟乳石、香附、海螵蛸、寒水石、硫黄、紫贝齿、紫石英、蛤壳、磁石、赭石等。

②调配处方需临时捣碎的中药：丁香、人参、儿茶、刀豆、大皂角、大枣（劈开或去核）、山慈菇、生川乌、川楝子、木鳖子、五味子、牛蒡子、炒牛蒡子、平贝母、白矾、白果、炒白果仁、白扁豆、炒白扁豆、瓜蒌子、半夏、母丁香、亚麻子、西洋参、肉豆蔻、肉桂、竹节参、延胡索（或切厚片）、华山参、自然铜、决明子、炒决明子、红豆蔻、红参、芥子、炒芥子、豆蔻、醋龟甲、诃子、青果、苦杏仁、燀苦杏仁、郁李仁、使君子、荜茇、草豆蔻、草果仁、姜草果仁、盐葫芦巴、荔枝核、南五味子、醋南五味子、砂仁、牵牛子、炒牵牛子、炮山甲、醋山甲、珠子参、莱菔子、炒莱菔子、桃仁、燀桃仁、益智仁、盐益智仁、浙贝母（或切厚片）、娑罗子、海马（或研粉）、海龙（或切段）、预知子、黄连、甜瓜子、鹿角霜、黑芝麻、蓖麻子、炒蔓荆子、榧子、酸枣仁、蕤仁、橘核、醋鳖甲等。

以上药物既不能调配时给整药，也不能提前捣碎放置时间过长，一般均应在调配时临时用冲筒捣碎后使用，这一方面有利于药物有效成分的煎出，另一方面也可防止过早捣碎药物有效成分的散失或出现虫蛀、发霉、泛油等变质现象。调配这些药物时，即使处方没有要求，按常规也需要捣碎或研细粉。

（六）复核

复核又称校对，是指复核人员对调配的药品按处方逐项进行全面细致的核对。调配好的中药饮片必须经复核后方可发出。需复核的内容如下所述。

1.复验配方人员称药工具是否准确。

2.审查处方中有无相反、相畏、妊娠禁忌药物，毒剧药是否超量。毒性药、贵重药、自费药调配处理是否得当。

3.核对调配好的药物有无错味、漏味、多味和掺杂异物。

4.审查需特殊煎煮或处理的药味如先煎、另煎、后下、烊化、包煎、冲服、兑服等是否另包并注明用法。单包的药味要拆包复核。

5. 检查饮片质量有无虫蛀、发霉变质，有无该制不制、生制不分，整药、籽药该捣未捣，调配处方有无乱代乱用等情况，若发现问题及时调换。

6. 核对称取的分量、调配剂数与处方是否相符，审核剂量包括单味药剂量、每剂药总量和各药剂间的分帖量。每剂药的剂量误差应小于 ±5%，必要时要复称。

7. 若为代煎药还需复核煎药凭证与处方上的姓名、送药日期、时间、地址、药贴（付）数等是否相符。

8. 审核处方上医生签字、调剂员签字是否齐全。

（七）包装

包装是指用纸或纸袋包装中药饮片的包扎操作过程。包药、捆扎的操作方法各地不尽相同，但均以熟练快速、整齐美观、包扎牢固为目的。具体要求如下。

1. 要根据每剂药物的药量和质地选择大小适宜的包装用纸或纸袋。

2. 需单包的小包应规矩整齐。粉末药、细小籽粒药、贵细药用两层纸张包装，以防遗漏。小包应放于群药之上，以提示用药者按规定煎煮和服用。

3. 若药包捆扎，需松紧适宜，扎十字节，不变包型，捆包顶端留有提系，便于提拎；若纸袋装药，要封好袋口，以防撒漏。

4. 在包装上注明患者姓名、煎法、服法等内容。

（八）发药

发药是中药调剂工作的最后一个环节，必须把好这一关。对调配装（包）好的药剂，发药人员应再次核对，无误后立即发给患者；同时，发药人员需熟练掌握汤剂制备及使用的相关知识，根据不同患者的药剂做好发药交代。发药工作虽简单，但稍有疏忽错发药剂，后果将不堪设想，因此发药人员一定要精神集中。

1. 发药时的注意事项

（1）核对取药凭证号码，问清患者姓名、药剂帖数以及交款凭证等，以防错发、漏发药品而发生事故。

（2）处方中需特殊处理的药物或需另加的“药引”，以及煎法、用法、服法、服药禁忌等须向患者说明。特别是内有贵细药或毒麻药品时，更要耐心细致地向患者解释清楚，切忌简单生硬或含糊回答。

（3）注意检查药品包扎是否牢固、美观，药袋有无破损。

（4）检查附带药品是否齐全。

（5）检查内服、外用药是否用专用包装，外用药是否标明用法并向患者（取药者）

特别说明。

（6）发现差错要立即纠正，不得隐瞒，并向领导汇报。

（7）耐心解答患者相关的咨询，最后应附带礼貌用语。

（8）发药人在处方单上签字或加盖专用签章。处方留存备查。

2.发药时的交代　药师是医嘱的执行者，发药前的交代至关重要，是患者准确、安全、有效使用药物的保证。

（1）交代单包药的煎法用法　处方中需特殊处理的药物在调配复核后已经单包，并注明了用法，发药人员在发药时还要向取药者口头交代清楚单包药名称、煎法、服法和用法等内容。

（2）交代“药引”的选取和使用　“药引”又称引药、药引子，指某些药物能引导其他药物的药力到达病变部位或某一经脉，起“向导”的作用。另外，药引还有增强疗效、解毒、护胃、矫味等作用。药引有的可在药店配齐，但有的则需要病家自己准备。发药人员要向取药者交代药引的选取和使用方法。

3.交代汤剂的内服用法

（1）药液温度　传统的中医理论对口服汤剂的温度是非常讲究的，主要有三种：温服、热服和凉服。

①温服　一般汤剂宜在温而不凉时服用，特别是一些对胃肠道有刺激性的药物，如瓜蒌仁、乳香等，温服可和胃益脾，减轻对胃肠道的刺激。

②热服　解表药、寒证用药均宜热服，以助药力，如辛温发汗解表药用于外感风寒表实证，不仅药宜热服，且服药后还需温覆取汗；真热假寒证宜寒药热服。

③冷服　对呕吐患者或中毒患者均宜冷服；热证用寒药亦可冷服；真寒假热宜热药冷服。此外，对易于恶心、呕吐而不能冷服的患者，宜在服药前，先嚼一片生姜或橘皮，以防止呕吐。

（2）服药次数　传统的中医理论对口服汤剂的次数也是有要求的，对于一般疾病，多为每日1剂，每剂分2次服或3次服；慢性病服用的药物，可隔天服1剂，或1剂服2天；病情危重者，可每隔4小时左右服药一次，昼夜不停，使药力持续，利于顿挫病势。

（3）服药时间　传统的中医理论对口服汤剂时间的要求主要有：饭前服、饭后服、空腹服和睡前服等。当然，具体的服药时间应根据病情需要和药物性能而定，以便取得好的治疗效果。无论饭前或饭后服药，均应略有间隔，以免影响疗效。

①滋补药宜在饭前服，使之同食物中的营养成分一并吸收，以利身体康复。

②慢性病服药必须定时，使体内保持一定的血药浓度。

③解表药煎后应趁热服下，覆盖衣被，令其微汗，促其汗解，表解即可停药。

④健胃药和对胃肠有刺激性的药应在饭后服，以减轻对胃肠的刺激。

⑤驱虫、攻下药最好空腹服，因空腹服药力集中，起效快。

⑥安神药应在临睡前服。

⑦治疟药应在疟疾发作前1~2小时服，使之达到截疟目的。

⑧特殊方剂应遵医嘱服用。

（4）服药剂量　为了保证煎药质量，除加水量、煎煮火候及时间要严格按照规定操作外，对汤剂的服用量也有相应的规定。

①成人服用量　一般每次200~300ml，每日2次。

②儿童服用量　一般每次50~150ml，每日2次。婴儿酌减。应注意的是，小儿服药宜浓缩汤液，以少量多次为好，不要急速灌服，以免呛咳；对病情危重者，应遵照医嘱服药。

实训十四　常用家用医疗器械的使用

工作任务单（表14-1）

表14-1　常用家用医疗器械的使用工作任务单

序号	岗位	工作任务
01	营业员	熟悉血压计的类型，熟练使用血压计
02	营业员	熟悉家用血糖仪的品牌，能熟练使用血糖仪
03	营业员	熟悉家用制氧机的类型，能熟练使用家用制氧机
04	营业员	能熟练使用压缩雾化器

【实训目标】

1.熟悉血压计、家用血糖仪、家用制氧机及压缩雾化器等常用家用医疗器械的品牌、类型。

2.熟练掌握各种血压计、血糖仪、制氧机及雾化器的使用方法。

【实训准备】

模拟实训药店；台式水银血压计、臂式电子血压计、腕式电子血压计、血糖仪、制氧机、压缩雾化器；专用血压测量台、凳子、桌子、笔、纸。

【技能操作】

1.学生分成每两人一组，分别担任营业员和顾客

2.分组分别操作血压计（抽签决定血压计的类型）、血糖仪、制氧机（抽签决定制氧机型号）及雾化器。

3.考核内容及评分表。评价包括两个方面，总分为100分，其中职业素养与操作规范占该项目总分的15%，操作结果即作品分占该项的85%，职业素养与操作规范及作品分两项均需合格，总成绩评定为合格。具体评分标准如表14-2所示。

表14-2　常用家用医疗器械使用评分标准

评价内容		配分	考核点	备注
职业素养与操作规范（15分）		5	工作服穿着规范，双手洁净，不染指甲，不留长指甲，不披发	
		10	操作完毕后将工具等清理复位	
作品（85分）	口述	15	能说出血压计、血糖仪、制氧机、雾化器的类型、品牌、作用	
	血压计	15	按操作步骤规范测量血压，并能根据测出的血压值进行判断	
	血糖仪	20	按操作步骤规范测量血糖，并能根据测出的血糖值进行判断	
	制氧机	20	按操作步骤规范使用家用分子筛制氧机	
	雾化器	15	按操作步骤规范使用压缩雾化器	
合　计				

【操作规程】

（一）血压计的使用

1.台式水银血压计的使用

（1）正确的姿势　血压计应与被测量的手臂、心脏保持在同一水平位置。被测者可以选择坐位或卧位进行测量。

（2）打开血压计，血压计向汞瓶右侧倾斜约45°，扳开开关，看看水银柱是否处于“0”刻度；如果不是，则应当进行校准，否则会影响测出的数值。

（3）将血压计袖带内的空气排尽后，套在手臂的肘关节以上2~3cm处（多选择测量左臂，因为左臂离心脏近，测量的数据相对比较稳定）。

（4）绑好气袖（不要绑太紧或太松），在肘窝内侧摸到肱动脉跳动后，将听诊器听头放在肱动脉上，拧紧气袖上的阀门。

（5）快速打气测压。在打气时，测量者应注视血压计的水银柱（注意视线与刻度尽量保持同一水平），不要使水银柱升得太高。听到肱动脉跳动消失时，再加压20~30mm汞柱，即可停止充气。

（6）拧开气阀门，使水银缓缓下降。当听到第一声脉搏跳动的声音，此时显示的读数即为收缩压值。继续边放气边听，直到在某个血压刻度，脉搏声变弱甚至消失，此时显示的血压为舒张压。

（7）关闭血压计　血压计使用完毕后，应将血压计向汞瓶右侧倾斜约45°，将汞完全回流后关闭储汞瓶的开关，以防汞流出。

（8）注意事项　水银血压计的安全处置事项如下所示。

①测量者在测量前要休息数分钟，保持心平气和；测量后，应在至少1~2分钟后，再进行重测，选择两次的平均值作为所测得的血压值。

②储汞瓶的开关没打开时，切勿向橡皮带充气、加压。因为袋内有空气时打开储汞瓶的开关，容易导致汞喷出，造成事故。

③血压计若有问题，应送专业部门修理。擅自修理易导致水银外流，影响您的健康。

④血压计应水平放置在平稳牢固处，环境温度-20℃~+35℃，相对湿度≤80%。

2.臂式电子血压计的使用

（1）将臂带套在被测上臂，确保臂带的下边缘处于距离肘关节2~3cm以上位置，并使臂带气嘴指向小手臂，同时气嘴位于胳膊内侧。

（2）绑好臂带后将下手臂平放于桌面上，掌心向上，身体坐直，保持臂带中心与心脏位置处于同一高度，注意臂带上的空气管无扭曲或打折现象。

（3）按下电子血压计表盘上的“开始/停止”按钮即开始自动测量血压。约10秒后在血压计的显示盘上显示“高压、低压、脉搏、心律”等数值。

3.腕式电子血压计的使用

（1）将袖带缠绕在手腕上，注意要露出手腕外侧腕骨的凸起部位（尺骨），拇指朝上，血压计的显示盘朝向自己。

（2）身体坐直，保持臂带中心与心脏位置处于同一高度，掌心朝向自己。

（3）按下血压计表盘上的“开始/停止”按钮即开始自动测量血压。

（4）注意事项　测量前需要静坐或休息3~5分钟。

（二）血糖仪的使用

1.取出血糖仪、采血笔、采血针、试纸条，放在干净的桌面上，附近不要有电视、手机、微波炉等电子设备，防止干扰。

2.采血笔的准备。将采血笔的帽盖扭开，将采血针安装在采血笔上，去掉采血针上的帽子（帽子不要丢弃），盖上采血笔帽盖，旋转采血笔，根据被测量者的皮肤情况选择采血深度，将采血笔上的箭头对准选择采血深度的数字（采血时要注意核对深浅档次，数字越小扎的越浅）。拉一下采血笔末端即开始采血。

3.被测量者手的准备。被测量者先把手洗净，用酒精片或者棉签粘上医用酒精给被测量者将采血的手进行擦拭消毒，然后自然干燥。

4.打开电源，一部分是直接按电源开关，一部分是直接插试纸自动开机。

5.选择与血糖仪芯片配套的测试条，将测试条安插在血糖仪上。

6.编码调节。血糖仪的编码调节方式分为以下三种。

（1）手动输入试纸校正码，如强生血糖仪。

（2）用密码芯片插入机器自动记录试纸校正码，如罗氏活力型血糖仪。

（3）免条码，无须手动或插入芯片，仪器自动识别，如拜耳拜安捷、艾克乐舒型血糖仪。

7.采血、吸血。先将要采血的手稍微按摩一下，使血液流畅。采血针对准采血的手指（一般采用侧位采血，以减少疼痛），按下采血笔的开关，用手从被测量者手指末端往指尖推挤压血，第一滴血一般不用于测量血糖值，直接抹去。接着将试纸采血槽靠近血滴采血，试纸大部分是虹吸的，放到试纸吸血区就会直接吸进。

8.显示结果。吸血之后，就会呈现倒计时，显示测试结果，具体时间从5~30秒不等。

9.完成测试，将采血针去下，套上原来的帽子，将测试条取下（部分血糖仪带开关，将开关一推可自动取下）丢回收桶。

10.关机。有一部分血糖仪拔出试纸自动关机，还有一部分需要关闭电源键。

（三）家用分子筛制氧机的使用

1.根据环境湿度给制氧机的湿化杯添加适量的纯净水（或凉白开），同时注意湿化杯内的水位线，不要超过最高水位的警戒线。

2.将吸氧管的一端口和制氧机的出氧口进行连接，注意连接口的紧密性以防止出现氧气泄露的现象无法吸氧。

3.连接电源开机后制氧机开始工作，如需定时，可自行设定。注：开机几秒钟后才开始进行吸氧，这是要等待吸氧管中的空气排出干净。

4.将吸氧管戴在头上进行吸氧氧疗，同时注意氧疗保健的时长。

（四）压缩雾化器的使用方法

以下具体介绍以鱼跃403T压缩空气式雾化器为例。

1.拧开雾化杯。

2.倒入药液1~6ml（记住不要超过水位）。

3.盖上杯盖并拧紧。

4.将导管与雾化杯连接，注意力度。

5.将雾化嘴与雾化杯连接。

6. 导管另一端连接雾化器出气口。

7. 通电后按下开关键即可开始雾化。

【知识链接】

（一）血压计的类型

血压计主要有听诊法血压计和示波法血压计。

听诊法又分为人工听诊法和自动听诊法。水银血压计就是早期的人工听诊法血压计。示波法又叫振荡法，绝大多数的电子血压计都是采用示波原理来设计的。目前市面上常用的电子血压计又有臂式、腕式和指式之分，前两种日常使用居多。

（二）中国人平均正常血压参考值

详见表14-3所示。

表14-3　中国人平均正常血压参考值（mmHg）

年龄	收缩压（男）	舒张压（男）	收缩压（女）	舒张压（女）
16~20	115	73	110	70
21~25	115	73	110	71
26~30	115	75	112	73
31~35	117	76	114	74
36~40	120	80	116	77
41~45	124	81	122	78
46~50	128	82	128	79
51~55	134	84	134	80
56~60	137	84	139	82
61~65	148	86	145	83

（三）血压及血压分类

收缩压：心室收缩时，主动脉压急剧升高，在收缩期的中期达到最高值，这时的动脉血压值称为收缩压，也称为“高压”。

舒张压：心室舒张时，主动脉压下降，在心舒末期动脉血压的最低值为舒张压，也成为“低压”。

注意：这里所提到的高压、低压跟“高血压”“低血压”不是同样的概念。

根据血压值的高低可将血压分为：理想血压、正常血压、正常高值、高血压四种，其具体标准如下所示。

正常血压：收缩压小于120mmHg，舒张压小于80mmHg。

正常高值：收缩压120~139mmHg，和（或)舒张压80~89mmHg。

高血压：收缩压大于140mmHg，和（或）舒张压大于90mmHg。

（四）测量血压时的注意事项

1.血压计要定期检查，以保持其准确性，并应放置平稳，切勿倒置或震荡。

2.水银血压计打气时不可过高、过猛，用后应驱尽袖带内的空气，卷好。橡胶球放于盒内固定位置，以防玻璃压断。凡水银柱下有开关者，用后应将开关关闭。如水银柱里出现气泡，应调节或检修，不可带着气泡测量。

3.如发现血压计听不清或异常时，应重测。使汞柱降至“0”点再测，必要时测双上臂进行对照。

4.须密切观察血压者，应尽量做到四定：定时间、定部位、定体位、定血压计。

（五）正常血糖值

正常血糖值如表14-4所示。

表14-4　正常血糖值表(mmol/l)

诊断	条件	静脉(全血）	毛细血管	静脉(血浆）
糖尿病	空腹	≥6.1	≥6.1	≥7.0
	服糖后2小时	≥10.0	≥11.1	≥11.1
糖耐量受损	空腹	<6.1	<6.1	<7.0
	服糖后2小时	6.7~10.0	7.8~11.1	7.8~11.1
空腹血糖受损	空腹	5.6~6.1	5.6~6.1	6.1~7.0
	服糖后2小时	<6.7	<7.8	<7.8

（六）使用血糖仪时的注意事项

1.尽量在室温下进行，避免将仪器置于电磁场（如移动电话、微波炉等）附近。

2.检测前用酒精消毒，待酒精干透以后再取血，以免酒精混入血液。不宜采用含碘消毒剂（如碘伏、碘酒）消毒皮肤。因为碘会与试纸上的测试剂产生化学反应，影响测试准确性。

3.采血量不能过多或过少，足以完全覆盖试纸测试区即可。取血时发现血液量少不能挤手指。为保证采血量足够，清洗时可在温水中泡一下，再下垂30秒。另外，扎的时候把针按一下再弹出，以免扎得太浅。

4.取血点建议在手指偏侧面，但是不要太接近指甲边缘。

5.血糖试纸要求在正常室温、干燥、清洁的环境下放置，不要放置在卫生间或厨房，更不要放进冰箱保存，以免试纸受潮。打开一筒新试纸应尽量在3个月内用完，如可能的话，尽量选购有独立包装的血糖试纸。

6.血糖仪和血糖试纸条不使用时，请置入血糖测试仪包中保存，以便于保管或携带。

7.血糖仪必须配合使用同一品牌的试纸，不能混用。

（七）氧疗的注意事项

1.密切观察氧疗效果，如呼吸困难等症状减轻或缓解，心跳正常或接近正常，则表明氧疗有效。否则应寻找原因，及时进行处理。

2.高浓度供氧不宜时间过长，一般认为吸氧浓度＞60%，持续24小时以上，则可能发生氧中毒。

3.对慢性阻塞性肺病急性加重患者给予高浓度吸氧可能导致呼吸抑制使病情恶化，一般应给予控制性（即低浓度持续）吸氧为妥。

4.氧疗注意加温和湿化，呼吸道内保持37℃温度和95%~100%湿度是黏液纤毛系统正常消除功能的必要条件，故吸入氧应通过湿化瓶和必要的加温装置，以防止吸入干冷的氧气刺激损伤气道黏膜，致痰干结和影响纤毛的“清道夫”功能。

5.防止污染和导管堵塞，对鼻塞、输氧导管、湿化加温装置、呼吸机管道系统等应经常定时更换和清洗消毒，以防止交叉感染。吸氧导管、鼻塞应随时注意检查有无分泌物堵塞，并及时更换，以保证有效和安全的氧疗。

（八）雾化器的类型

根据不同用途，雾化器可分为以下多种类型。

1.空气加湿器 用于给空气加湿的加湿器就是雾化器的一种。

2.医用雾化器 用于治疗上呼吸道疾病的一种设备，属于医疗器械。

3.其他类型的雾化器 如头发定型用的喷发胶的设备；电子烟组成的重要结构之一，可用于将烟油雾化。

我们这里提到的主要是医用雾化器，医用雾化器根据雾化原理分类有两种：一种是超声波雾化器，一种是压缩雾化器。本小节内容主要以压缩雾化器为主。

（九）雾化器的保管

1. 请勿将产品放置于婴儿或无意识患者可触及的地方。

2. 请勿使产品受到任何强烈的冲撞，例如从高处摔落。

3. 当药液瓶内存在药液时，请勿搬运或存放产品。

4. 请勿把产品放在高温、低温、高压或阳光直射的地方。

5. 请勿弄折送气管。

6. 请勿使用苯、稀释剂和易燃化学物品来清洗产品。

（十）雾化器更换过滤片

如雾化器内有过滤片，当过滤片变色时，请更换新的过滤片。

操作步骤：

1. 将过滤片盖向外拉出后取下，即可更换过滤片。

2. 用牙签等尖锐的工具将过滤片取出。将取出后的过滤片废弃，更换新的过滤片。

3. 安装过滤片盖。

注意：仅使用专用的过滤片。在雾化器未安装过滤片的情况下请勿使用过滤片。过滤片不分正反面，更换前要确认过滤片清洁且无灰尘。不能清洗过滤片。如果过滤片沾湿，会引起堵塞，此时请更换过滤片（为防止过滤片盖发生堵塞，建议定期清洗过滤片盖）。

附　录

附录一 《药品经营质量管理规范》

（2000年4月30日原国家药品监督管理局局令第20号公布，2012年11月6日原卫生部部务会议第一次修订，2015年5月18日国家食品药品监督管理总局局务会议第二次修订，根据2016年6月30日国家食品药品监督管理总局局务会议《关于修改〈药品经营质量管理规范〉的决定》修正）

第一章　总　则

第一条　为加强药品经营质量管理，规范药品经营行为，保障人体用药安全、有效，根据《中华人民共和国药品管理法》《中华人民共和国药品管理法实施条例》，制定本规范。

第二条　本规范是药品经营管理和质量控制的基本准则。

企业应当在药品采购、储存、销售、运输等环节采取有效的质量控制措施，确保药品质量，并按照国家有关要求建立药品追溯系统，实现药品可追溯。

第三条　药品经营企业应当严格执行本规范。

药品生产企业销售药品、药品流通过程中其他涉及储存与运输药品的，也应当符合本规范相关要求。

第四条　药品经营企业应当坚持诚实守信，依法经营。禁止任何虚假、欺骗行为。

第二章　药品批发的质量管理

第一节　质量管理体系

第五条　企业应当依据有关法律法规及本规范的要求建立质量管理体系，确定质量方针，制定质量管理体系文件，开展质量策划、质量控制、质量保证、质量改进和质量风险管理等活动。

第六条　企业制定的质量方针文件应当明确企业总的质量目标和要求，并贯彻到药品经营活动的全过程。

第七条　企业质量管理体系应当与其经营范围和规模相适应，包括组织机构、人员、设施设备、质量管理体系文件及相应的计算机系统等。

第八条　企业应当定期以及在质量管理体系关键要素发生重大变化时，组织开展内审。

第九条　企业应当对内审的情况进行分析，依据分析结论制定相应的质量管理体系改进措施，不断提高质量控制水平，保证质量管理体系持续有效运行。

第十条　企业应当采用前瞻或者回顾的方式，对药品流通过程中的质量风险进行评估、控制、沟通和审核。

第十一条　企业应当对药品供货单位、购货单位的质量管理体系进行评价，确认其质量保证能力和质量信誉，必要时进行实地考察。

第十二条　企业应当全员参与质量管理。各部门、岗位人员应当正确理解并履行职责，承担相应质量责任。

第二节　组织机构与质量管理职责

第十三条　企业应当设立与其经营活动和质量管理相适应的组织机构或者岗位，明确规定其职责、权限及相互关系。

第十四条　企业负责人是药品质量的主要责任人，全面负责企业日常管理，负责提供必要的条件，保证质量管理部门和质量管理人员有效履行职责，确保企业实现质量目标并按照本规范要求经营药品。

第十五条　企业质量负责人应当由高层管理人员担任，全面负责药品质量管理工作，独立履行职责，在企业内部对药品质量管理具有裁决权。

第十六条　企业应当设立质量管理部门，有效开展质量管理工作。质量管理部门的职责不得由其他部门及人员履行。

第十七条　质量管理部门应当履行以下职责：

（一）督促相关部门和岗位人员执行药品管理的法律法规及本规范；

（二）组织制订质量管理体系文件，并指导、监督文件的执行；

（三）负责对供货单位和购货单位的合法性、购进药品的合法性以及供货单位销售人员、购货单位采购人员的合法资格进行审核，并根据审核内容的变化进行动态管理；

（四）负责质量信息的收集和管理，并建立药品质量档案；

（五）负责药品的验收，指导并监督药品采购、储存、养护、销售、退货、运输等环节的质量管理工作；

（六）负责不合格药品的确认，对不合格药品的处理过程实施监督；

（七）负责药品质量投诉和质量事故的调查、处理及报告；

（八）负责假劣药品的报告；

（九）负责药品质量查询；

（十）负责指导设定计算机系统质量控制功能；

（十一）负责计算机系统操作权限的审核和质量管理基础数据的建立及更新；

（十二）组织验证、校准相关设施设备；

（十三）负责药品召回的管理；

（十四）负责药品不良反应的报告；

（十五）组织质量管理体系的内审和风险评估；

（十六）组织对药品供货单位及购货单位质量管理体系和服务质量的考察和评价；

（十七）组织对被委托运输的承运方运输条件和质量保障能力的审查；

（十八）协助开展质量管理教育和培训；

（十九）其他应当由质量管理部门履行的职责。

第三节　人员与培训

第十八条　企业从事药品经营和质量管理工作的人员，应当符合有关法律法规及本规范规定的资格要求，不得有相关法律法规禁止从业的情形。

第十九条　企业负责人应当具有大学专科以上学历或者中级以上专业技术职称，经过基本的药学专业知识培训，熟悉有关药品管理的法律法规及本规范。

第二十条　企业质量负责人应当具有大学本科以上学历、执业药师资格和3年以上药品经营质量管理工作经历，在质量管理工作中具备正确判断和保障实施的能力。

第二十一条　企业质量管理部门负责人应当具有执业药师资格和3年以上药品经营质量管理工作经历，能独立解决经营过程中的质量问题。

第二十二条　企业应当配备符合以下资格要求的质量管理、验收及养护等岗位人员：

（一）从事质量管理工作的，应当具有药学中专或者医学、生物、化学等相关专业大学专科以上学历或者具有药学初级以上专业技术职称；

（二）从事验收、养护工作的，应当具有药学或者医学、生物、化学等相关专业中专以上学历或者具有药学初级以上专业技术职称；

（三）从事中药材、中药饮片验收工作的，应当具有中药学专业中专以上学历或者具有中药学中级以上专业技术职称；从事中药材、中药饮片养护工作的，应当具有中药学专业中专以上学历或者具有中药学初级以上专业技术职称；直接收购地产中药材的，验收人员应当具有中药学中级以上专业技术职称。

从事疫苗配送的，还应当配备2名以上专业技术人员专门负责疫苗质量管理和验收工作。专业技术人员应当具有预防医学、药学、微生物学或者医学等专业本科以上学历及中级以上专业技术职称，并有3年以上从事疫苗管理或者技术工作经历。

第二十三条　从事质量管理、验收工作的人员应当在职在岗，不得兼职其他业务工作。

第二十四条　从事采购工作的人员应当具有药学或者医学、生物、化学等相关专业中专以上学历，从事销售、储存等工作的人员应当具有高中以上文化程度。

第二十五条　企业应当对各岗位人员进行与其职责和工作内容相关的岗前培训和继续培训，以符合本规范要求。

第二十六条　培训内容应当包括相关法律法规、药品专业知识及技能、质量管理制度、职责及岗位操作规程等。

第二十七条　企业应当按照培训管理制度制定年度培训计划并开展培训，使相关人员能正确理解并履行职责。培训工作应当做好记录并建立档案。

第二十八条　从事特殊管理的药品和冷藏冷冻药品的储存、运输等工作的人员，应当接受相关法律法规和专业知识培训并经考核合格后方可上岗。

第二十九条　企业应当制定员工个人卫生管理制度，储存、运输等岗位人员的着装应当符合劳动保护和产品防护的要求。

第三十条　质量管理、验收、养护、储存等直接接触药品岗位的人员应当进行岗前及年度健康检查，并建立健康档案。患有传染病或者其他可能污染药品的疾病的，不得从事直接接触药品的工作。身体条件不符合相应岗位特定要求的，不得从事相关工作。

第四节　质量管理体系文件

第三十一条　企业制定质量管理体系文件应当符合企业实际。文件包括质量管理制度、部门及岗位职责、操作规程、档案、报告、记录和凭证等。

第三十二条　文件的起草、修订、审核、批准、分发、保管，以及修改、撤销、替换、销毁等应当按照文件管理操作规程进行，并保存相关记录。

第三十三条　文件应当标明题目、种类、目的以及文件编号和版本号。文字应当准确、清晰、易懂。

文件应当分类存放，便于查阅。

第三十四条　企业应当定期审核、修订文件，使用的文件应当为现行有效的文本，已废止或者失效的文件除留档备查外，不得在工作现场出现。

第三十五条　企业应当保证各岗位获得与其工作内容相对应的必要文件，并严格按照规定开展工作。

第三十六条　质量管理制度应当包括以下内容：

（一）质量管理体系内审的规定；

（二）质量否决权的规定；

（三）质量管理文件的管理；

（四）质量信息的管理；

（五）供货单位、购货单位、供货单位销售人员及购货单位采购人员等资格审核的规定；

（六）药品采购、收货、验收、储存、养护、销售、出库、运输的管理；

（七）特殊管理的药品的规定；

（八）药品有效期的管理；

（九）不合格药品、药品销毁的管理；

（十）药品退货的管理；

（十一）药品召回的管理；

（十二）质量查询的管理；

（十三）质量事故、质量投诉的管理；

（十四）药品不良反应报告的规定；

（十五）环境卫生、人员健康的规定；

（十六）质量方面的教育、培训及考核的规定；

（十七）设施设备保管和维护的管理；

（十八）设施设备验证和校准的管理；

（十九）记录和凭证的管理；

（二十）计算机系统的管理；

（二十一）药品追溯的规定；

（二十二）其他应当规定的内容。

第三十七条　部门及岗位职责应当包括：

（一）质量管理、采购、储存、销售、运输、财务和信息管理等部门职责；

（二）企业负责人、质量负责人及质量管理、采购、储存、销售、运输、财务和信息管理等部门负责人的岗位职责；

（三）质量管理、采购、收货、验收、储存、养护、销售、出库复核、运输、财务、信息管理等岗位职责；

（四）与药品经营相关的其他岗位职责。

第三十八条　企业应当制定药品采购、收货、验收、储存、养护、销售、出库复核、运输等环节及计算机系统的操作规程。

第三十九条　企业应当建立药品采购、验收、养护、销售、出库复核、销后退回和购进退出、运输、储运温湿度监测、不合格药品处理等相关记录，做到真实、完整、准确、有效和可追溯。

第四十条　通过计算机系统记录数据时，有关人员应当按照操作规程，通过授权及密码登录后方可进行数据的录入或者复核；数据的更改应当经质量管理部门审核并在其监督下进行，更改过程应当留有记录。

第四十一条　书面记录及凭证应当及时填写，并做到字迹清晰，不得随意涂改，不得撕毁。更改记录的，应当注明理由、日期并签名，保持原有信息清晰可辨。

第四十二条　记录及凭证应当至少保存5年。疫苗、特殊管理的药品的记录及凭证按相关规定保存。

第五节　设施与设备

第四十三条　企业应当具有与其药品经营范围、经营规模相适应的经营场所和库房。

第四十四条　库房的选址、设计、布局、建造、改造和维护应当符合药品储存的要求，防止药品的污染、交叉污染、混淆和差错。

第四十五条　药品储存作业区、辅助作业区应当与办公区和生活区分开一定距离或者有隔离措施。

第四十六条　库房的规模及条件应当满足药品的合理、安全储存，并达到以下要求，便于开展储存作业：

（一）库房内外环境整洁，无污染源，库区地面硬化或者绿化；

（二）库房内墙、顶光洁，地面平整，门窗结构严密；

（三）库房有可靠的安全防护措施，能够对无关人员进入实行可控管理，防止药品被盗、替换或者混入假药；

（四）有防止室外装卸、搬运、接收、发运等作业受异常天气影响的措施。

第四十七条　库房应当配备以下设施设备：

（一）药品与地面之间有效隔离的设备；

（二）避光、通风、防潮、防虫、防鼠等设备；

（三）有效调控温湿度及室内外空气交换的设备；

（四）自动监测、记录库房温湿度的设备；

（五）符合储存作业要求的照明设备；

（六）用于零货拣选、拼箱发货操作及复核的作业区域和设备；

（七）包装物料的存放场所；

（八）验收、发货、退货的专用场所；

（九）不合格药品专用存放场所；

（十）经营特殊管理药品的有符合国家规定的储存设施。

第四十八条　经营中药材、中药饮片的，应当有专用的库房和养护工作场所，直接收购地产中药材的应当设置中药样品室（柜）。

第四十九条　储存、运输冷藏、冷冻药品的，应当配备以下设施设备：

（一）与其经营规模和品种相适应的冷库，储存疫苗的应当配备两个以上独立冷库；

（二）用于冷库温度自动监测、显示、记录、调控、报警的设备；

（三）冷库制冷设备的备用发电机组或者双回路供电系统；

（四）对有特殊低温要求的药品，应当配备符合其储存要求的设施设备；

（五）冷藏车及车载冷藏箱或者保温箱等设备。

第五十条　运输药品应当使用封闭式货物运输工具。

第五十一条　运输冷藏、冷冻药品的冷藏车及车载冷藏箱、保温箱应当符合药品运输过程中对温度控制的要求。冷藏车具有自动调控温度、显示温度、存储和读取温度监测数据的功能；冷藏箱及保温箱具有外部显示和采集箱体内温度数据的功能。

第五十二条　储存、运输设施设备的定期检查、清洁和维护应当由专人负责，并建立记录和档案。

第六节　校准与验证

第五十三条　企业应当按照国家有关规定，对计量器具、温湿度监测设备等定期进行校准或者检定。

企业应当对冷库、储运温湿度监测系统以及冷藏运输等设施设备进行使用前验证、定期验证及停用时间超过规定时限的验证。

第五十四条　企业应当根据相关验证管理制度，形成验证控制文件，包括验证方案、报告、评价、偏差处理和预防措施等。

第五十五条　验证应当按照预先确定和批准的方案实施，验证报告应当经过审核和批准，验证文件应当存档。

第五十六条　企业应当根据验证确定的参数及条件，正确、合理使用相关设施设备。

第七节　计算机系统

第五十七条　企业应当建立能够符合经营全过程管理及质量控制要求的计算机系统，实现药品可追溯。

第五十八条　企业计算机系统应当符合以下要求：

（一）有支持系统正常运行的服务器和终端机；

（二）有安全、稳定的网络环境，有固定接入互联网的方式和安全可靠的信息平台；

（三）有实现部门之间、岗位之间信息传输和数据共享的局域网；

（四）有药品经营业务票据生成、打印和管理功能；

（五）有符合本规范要求及企业管理实际需要的应用软件和相关数据库。

第五十九条　各类数据的录入、修改、保存等操作应当符合授权范围、操作规程和管理制度的要求，保证数据原始、真实、准确、安全和可追溯。

第六十条　计算机系统运行中涉及企业经营和管理的数据应当采用安全、可靠的方式储存并按日备份，备份数据应当存放在安全场所，记录类数据的保存时限应当符合本规范第四十二条的要求。

第八节　采购

第六十一条　企业的采购活动应当符合以下要求：

（一）确定供货单位的合法资格；

（二）确定所购入药品的合法性；

（三）核实供货单位销售人员的合法资格；

（四）与供货单位签订质量保证协议。

采购中涉及的首营企业、首营品种，采购部门应当填写相关申请表格，经过质量管理部门和企业质量负责人的审核批准。必要时应当组织实地考察，对供货单位质量管理体系进行评价。

第六十二条　对首营企业的审核，应当查验加盖其公章原印章的以下资料，确认真实、有效：

（一）《药品生产许可证》或者《药品经营许可证》复印件；

（二）营业执照、税务登记、组织机构代码的证件复印件，及上一年度企业年度报告公示情况；

（三）《药品生产质量管理规范》认证证书或者《药品经营质量管理规范》认证证书复印件；

（四）相关印章、随货同行单（票）样式；

（五）开户户名、开户银行及账号。

第六十三条　采购首营品种应当审核药品的合法性，索取加盖供货单位公章原印章的药品生产或者进口批准证明文件复印件并予以审核，审核无误的方可采购。

以上资料应当归入药品质量档案。

第六十四条　企业应当核实、留存供货单位销售人员以下资料：

（一）加盖供货单位公章原印章的销售人员身份证复印件；

（二）加盖供货单位公章原印章和法定代表人印章或者签名的授权书，授权书应当载明被授权人姓名、身份证号码，以及授权销售的品种、地域、期限；

（三）供货单位及供货品种相关资料。

第六十五条　企业与供货单位签订的质量保证协议至少包括以下内容：

（一）明确双方质量责任；

（二）供货单位应当提供符合规定的资料且对其真实性、有效性负责；

（三）供货单位应当按照国家规定开具发票；

（四）药品质量符合药品标准等有关要求；

（五）药品包装、标签、说明书符合有关规定；

（六）药品运输的质量保证及责任；

（七）质量保证协议的有效期限。

第六十六条　采购药品时，企业应当向供货单位索取发票。发票应当列明药品的通用名称、规格、单位、数量、单价、金额等；不能全部列明的，应当附《销售货物或者提供应税劳务清单》，并加盖供货单位发票专用章原印章、注明税票号码。

第六十七条　发票上的购、销单位名称及金额、品名应当与付款流向及金额、品名一致，并与财务账目内容相对应。发票按有关规定保存。

第六十八条　采购药品应当建立采购记录。采购记录应当有药品的通用名称、剂型、规格、生产厂商、供货单位、数量、价格、购货日期等内容，采购中药材、中药饮片的还应当标明产地。

第六十九条　发生灾情、疫情、突发事件或者临床紧急救治等特殊情况，以及其他符合国家有关规定的情形，企业可采用直调方式购销药品，将已采购的药品不入本企业仓库，直接从供货单位发送到购货单位，并建立专门的采购记录，保证有效的质量跟踪和追溯。

第七十条　采购特殊管理的药品，应当严格按照国家有关规定进行。

第七十一条　企业应当定期对药品采购的整体情况进行综合质量评审，建立药品质量评审和供货单位质量档案，并进行动态跟踪管理。

第九节　收货与验收

第七十二条　企业应当按照规定的程序和要求对到货药品逐批进行收货、验收，防止不合格药品入库。

第七十三条　药品到货时，收货人员应当核实运输方式是否符合要求，并对照随货同行单（票）和采购记录核对药品，做到票、账、货相符。

随货同行单（票）应当包括供货单位、生产厂商、药品的通用名称、剂型、规格、批号、数量、收货单位、收货地址、发货日期等内容，并加盖供货单位药品出库专用章原印章。

第七十四条　冷藏、冷冻药品到货时，应当对其运输方式及运输过程的温度记录、运输时间等质量控制状况进行重点检查并记录。不符合温度要求的应当拒收。

第七十五条　收货人员对符合收货要求的药品，应当按品种特性要求放于相应待验区域，或者设置状态标志，通知验收。冷藏、冷冻药品应当在冷库内待验。

第七十六条　验收药品应当按照药品批号查验同批号的检验报告书。供货单位为批发企业的，检验报告书应当加盖其质量管理专用章原印章。检验报告书的传递和保存可以采用电子数据形式，但应当保证其合法性和有效性。

第七十七条　企业应当按照验收规定，对每次到货药品进行逐批抽样验收，抽取的样品应当具有代表性：

（一）同一批号的药品应当至少检查一个最小包装，但生产企业有特殊质量控制要求或者打开最小包装可能影响药品质量的，可不打开最小包装；

（二）破损、污染、渗液、封条损坏等包装异常以及零货、拼箱的，应当开箱检查至最小包装；

（三）外包装及封签完整的原料药、实施批签发管理的生物制品，可不开箱检查。

第七十八条　验收人员应当对抽样药品的外观、包装、标签、说明书以及相关的证明文件等逐一进行检查、核对；验收结束后，应当将抽取的完好样品放回原包装箱，加封并标示。

第七十九条　特殊管理的药品应当按照相关规定在专库或者专区内验收。

第八十条　验收药品应当做好验收记录，包括药品的通用名称、剂型、规格、批准文号、批号、生产日期、有效期、生产厂商、供货单位、到货数量、到货日期、验收合格数量、验收结果等内容。验收人员应当在验收记录上签署姓名和验收日期。

中药材验收记录应当包括品名、产地、供货单位、到货数量、验收合格数量等内容。中药饮片验收记录应当包括品名、规格、批号、产地、生产日期、生产厂商、供货单位、到货数量、验收合格数量等内容，实施批准文号管理的中药饮片还应当记录批准文号。

验收不合格的还应当注明不合格事项及处置措施。

第八十一条　企业应当建立库存记录，验收合格的药品应当及时入库登记；验收不合格的，不得入库，并由质量管理部门处理。

第八十二条　企业按本规范第六十九条规定进行药品直调的，可委托购货单位进行药品验收。购货单位应当严格按照本规范的要求验收药品，并建立专门的直调药品验收记录。验收当日应当将验收记录相关信息传递给直调企业。

第十节　储存与养护

第八十三条　企业应当根据药品的质量特性对药品进行合理储存，并符合以下要求：

（一）按包装标示的温度要求储存药品，包装上没有标示具体温度的，按照《中华人民共和国药典》规定的贮藏要求进行储存；

（二）储存药品相对湿度为35%~75%；

（三）在人工作业的库房储存药品，按质量状态实行色标管理，合格药品为绿色，不合格药品为红色，待确定药品为黄色；

（四）储存药品应当按照要求采取避光、遮光、通风、防潮、防虫、防鼠等措施；

（五）搬运和堆码药品应当严格按照外包装标示要求规范操作，堆码高度符合包装图示要求，避免损坏药品包装；

（六）药品按批号堆码，不同批号的药品不得混垛，垛间距不小于5厘米，与库房内墙、顶、温度调控设备及管道等设施间距不小于30厘米，与地面间距不小于10厘米；

（七）药品与非药品、外用药与其他药品分开存放，中药材和中药饮片分库存放；

（八）特殊管理的药品应当按照国家有关规定储存；

（九）拆除外包装的零货药品应当集中存放；

（十）储存药品的货架、托盘等设施设备应当保持清洁、无破损和杂物堆放；

（十一）未经批准的人员不得进入储存作业区，储存作业区内的人员不得有影响药品质量和安全的行为；

（十二）药品储存作业区内不得存放与储存管理无关的物品。

第八十四条　养护人员应当根据库房条件、外部环境、药品质量特性等对药品进行养护，主要内容是：

（一）指导和督促储存人员对药品进行合理储存与作业。

（二）检查并改善储存条件、防护措施、卫生环境。

（三）对库房温湿度进行有效监测、调控。

（四）按照养护计划对库存药品的外观、包装等质量状况进行检查，并建立养护记录；对储存条件有特殊要求的或者有效期较短的品种应当进行重点养护。

（五）发现有问题的药品应当及时在计算机系统中锁定和记录，并通知质量管理部门处理。

（六）对中药材和中药饮片应当按其特性采取有效方法进行养护并记录，所采取的养护方法不得对药品造成污染。

（七）定期汇总、分析养护信息。

第八十五条　企业应当采用计算机系统对库存药品的有效期进行自动跟踪和控制，采取近效期预警及超过有效期自动锁定等措施，防止过期药品销售。

第八十六条　药品因破损而导致液体、气体、粉末泄漏时，应当迅速采取安全处理措施，防止对储存环境和其他药品造成污染。

第八十七条　对质量可疑的药品应当立即采取停售措施，并在计算机系统中锁定，同时报告质量管理部门确认。对存在质量问题的药品应当采取以下措施：

（一）存放于标志明显的专用场所，并有效隔离，不得销售；

（二）怀疑为假药的，及时报告食品药品监督管理部门；

（三）属于特殊管理的药品，按照国家有关规定处理；

（四）不合格药品的处理过程应当有完整的手续和记录；

（五）对不合格药品应当查明并分析原因，及时采取预防措施。

第八十八条　企业应当对库存药品定期盘点，做到账、货相符。

第十一节　销 售

第八十九条　企业应当将药品销售给合法的购货单位，并对购货单位的证明文件、采购人员及提货人员的身份证明进行核实，保证药品销售流向真实、合法。

第九十条　企业应当严格审核购货单位的生产范围、经营范围或者诊疗范围，并按照相应的范围销售药品。

第九十一条　企业销售药品，应当如实开具发票，做到票、账、货、款一致。

第九十二条　企业应当做好药品销售记录。销售记录应当包括药品的通用名称、规格、剂型、批号、有效期、生产厂商、购货单位、销售数量、单价、金额、销售日期等内容。按照本规范第六十九条规定进行药品直调的，应当建立专门的销售记录。

中药材销售记录应当包括品名、规格、产地、购货单位、销售数量、单价、金额、销售日期等内容；中药饮片销售记录应当包括品名、规格、批号、产地、生产厂商、购货单位、销售数量、单价、金额、销售日期等内容。

第九十三条　销售特殊管理的药品以及国家有专门管理要求的药品，应当严格按照国家有关规定执行。

第十二节　出 库

第九十四条　出库时应当对照销售记录进行复核。发现以下情况不得出库，并报告质量管理部门处理：

（一）药品包装出现破损、污染、封口不牢、衬垫不实、封条损坏等问题；

（二）包装内有异常响动或者液体渗漏；

（三）标签脱落、字迹模糊不清或者标识内容与实物不符；

（四）药品已超过有效期；

（五）其他异常情况的药品。

第九十五条　药品出库复核应当建立记录，包括购货单位、药品的通用名称、剂型、规格、数量、批号、有效期、生产厂商、出库日期、质量状况和复核人员等内容。

第九十六条　特殊管理的药品出库应当按照有关规定进行复核。

第九十七条　药品拼箱发货的代用包装箱应当有醒目的拼箱标志。

第九十八条　药品出库时，应当附加盖企业药品出库专用章原印章的随货同行单（票）。

企业按照本规范第六十九条规定直调药品的，直调药品出库时，由供货单位开具两份随货同行单（票），分别发往直调企业和购货单位。随货同行单（票）的内容应当符合本规范第七十三条第二款的要求，还应当标明直调企业名称。

第九十九条　冷藏、冷冻药品的装箱、装车等项作业，应当由专人负责并符合以下要求：

（一）车载冷藏箱或者保温箱在使用前应当达到相应的温度要求；

（二）应当在冷藏环境下完成冷藏、冷冻药品的装箱、封箱工作；

（三）装车前应当检查冷藏车辆的启动、运行状态，达到规定温度后方可装车；

（四）启运时应当做好运输记录，内容包括运输工具和启运时间等。

第十三节　运输与配送

第一百条　企业应当按照质量管理制度的要求，严格执行运输操作规程，并采取有效措施保证运输过程中的药品质量与安全。

第一百零一条　运输药品，应当根据药品的包装、质量特性并针对车况、道路、天气等因素，选用适宜的运输工具，采取相应措施防止出现破损、污染等问题。

第一百零二条　发运药品时，应当检查运输工具，发现运输条件不符合规定的，不得发运。运输药品过程中，运载工具应当保持密闭。

第一百零三条　企业应当严格按照外包装标示的要求搬运、装卸药品。

第一百零四条　企业应当根据药品的温度控制要求，在运输过程中采取必要的保温或者冷藏、冷冻措施。

运输过程中，药品不得直接接触冰袋、冰排等蓄冷剂，防止对药品质量造成影响。

第一百零五条　在冷藏、冷冻药品运输途中，应当实时监测并记录冷藏车、冷藏箱或者保温箱内的温度数据。

第一百零六条　企业应当制定冷藏、冷冻药品运输应急预案，对运输途中可能发生的设备故障、异常天气影响、交通拥堵等突发事件，能够采取相应的应对措施。

第一百零七条　企业委托其他单位运输药品的，应当对承运方运输药品的质量保障能力进行审计，索取运输车辆的相关资料，符合本规范运输设施设备条件和要求的方可委托。

第一百零八条　企业委托运输药品应当与承运方签订运输协议，明确药品质量责任、遵守运输操作规程和在途时限等内容。

第一百零九条　企业委托运输药品应当有记录，实现运输过程的质量追溯。记录至少包括发货时间、发货地址、收货单位、收货地址、货单号、药品件数、运输方式、委托经办人、承运单位，采用车辆运输的还应当载明车牌号，并留存驾驶人员的驾驶证复印件。记录应当至少保存5年。

第一百一十条　已装车的药品应当及时发运并尽快送达。委托运输的，企业应当要求并监督承运方严格履行委托运输协议，防止因在途时间过长影响药品质量。

第一百一十一条　企业应当采取运输安全管理措施，防止在运输过程中发生药品盗抢、遗失、调换等事故。

第一百一十二条　特殊管理的药品的运输应当符合国家有关规定。

第十四节　售后管理

第一百一十三条　企业应当加强对退货的管理，保证退货环节药品的质量和安全，防止混入假冒药品。

第一百一十四条　企业应当按照质量管理制度的要求，制定投诉管理操作规程，内容包括投诉渠道及方式、档案记录、调查与评估、处理措施、反馈和事后跟踪等。

第一百一十五条　企业应当配备专职或者兼职人员负责售后投诉管理，对投诉的质量问题查明原因，采取有效措施及时处理和反馈，并做好记录，必要时应当通知供货单位及药品生产企业。

第一百一十六条　企业应当及时将投诉及处理结果等信息记入档案，以便查询和跟踪。

第一百一十七条　企业发现已售出药品有严重质量问题，应当立即通知购货单位停售、追回并做好记录，同时向食品药品监督管理部门报告。

第一百一十八条　企业应当协助药品生产企业履行召回义务，按照召回计划的要求及时传达、反馈药品召回信息，控制和收回存在安全隐患的药品，并建立药品召回记录。

第一百一十九条　企业质量管理部门应当配备专职或者兼职人员，按照国家有关规定承担药品不良反应监测和报告工作。

第三章　药品零售的质量管理

第一节　质量管理与职责

第一百二十条　企业应当按照有关法律法规及本规范的要求制定质量管理文件，开展质量管理活动，确保药品质量。

第一百二十一条　企业应当具有与其经营范围和规模相适应的经营条件，包括组织机构、人员、设施设备、质量管理文件，并按照规定设置计算机系统。

第一百二十二条　企业负责人是药品质量的主要责任人，负责企业日常管理，负责提供必要的条件，保证质量管理部门和质量管理人员有效履行职责，确保企业按照本规范要求经营药品。

第一百二十三条　企业应当设置质量管理部门或者配备质量管理人员，履行以下职责：

（一）督促相关部门和岗位人员执行药品管理的法律法规及本规范；

（二）组织制订质量管理文件，并指导、监督文件的执行；

（三）负责对供货单位及其销售人员资格证明的审核；

（四）负责对所采购药品合法性的审核；

（五）负责药品的验收，指导并监督药品采购、储存、陈列、销售等环节的质量管理工作；

（六）负责药品质量查询及质量信息管理；

（七）负责药品质量投诉和质量事故的调查、处理及报告；

（八）负责对不合格药品的确认及处理；

（九）负责假劣药品的报告；

（十）负责药品不良反应的报告；

（十一）开展药品质量管理教育和培训；

（十二）负责计算机系统操作权限的审核、控制及质量管理基础数据的维护；

（十三）负责组织计量器具的校准及检定工作；

（十四）指导并监督药学服务工作；

（十五）其他应当由质量管理部门或者质量管理人员履行的职责。

第二节　人员管理

第一百二十四条　企业从事药品经营和质量管理工作的人员，应当符合有关法律法规及本规范规定的资格要求，不得有相关法律法规禁止从业的情形。

第一百二十五条　企业法定代表人或者企业负责人应当具备执业药师资格。

企业应当按照国家有关规定配备执业药师，负责处方审核，指导合理用药。

第一百二十六条　质量管理、验收、采购人员应当具有药学或者医学、生物、化学等相关专业学历或者具有药学专业技术职称。从事中药饮片质量管理、验收、采购人员应当具有中药学中专以上学历或者具有中药学专业初级以上专业技术职称。

营业员应当具有高中以上文化程度或者符合省级食品药品监督管理部门规定的条件。中药饮片调剂人员应当具有中药学中专以上学历或者具备中药调剂员资格。

第一百二十七条　企业各岗位人员应当接受相关法律法规及药品专业知识与技能的岗前培训和继续培训，以符合本规范要求。

第一百二十八条　企业应当按照培训管理制度制定年度培训计划并开展培训，使相关人员能正确理解并履行职责。培训工作应当做好记录并建立档案。

第一百二十九条　企业应当为销售特殊管理的药品、国家有专门管理要求的药品、冷藏药品的人员接受相应培训提供条件，使其掌握相关法律法规和专业知识。

第一百三十条　在营业场所内，企业工作人员应当穿着整洁、卫生的工作服。

第一百三十一条　企业应当对直接接触药品岗位的人员进行岗前及年度健康检查，并建立健康档案。患有传染病或者其他可能污染药品的疾病的，不得从事直接接触药品的工作。

第一百三十二条　在药品储存、陈列等区域不得存放与经营活动无关的物品及私人用品，在工作区域内不得有影响药品质量和安全的行为。

第三节　文 件

第一百三十三条　企业应当按照有关法律法规及本规范规定，制定符合企业实际的质量管理文件。文件包括质量管理制度、岗位职责、操作规程、档案、记录和凭证等，并对质量管理文件定期审核、及时修订。

第一百三十四条　企业应当采取措施确保各岗位人员正确理解质量管理文件的内容，保证质量管理文件有效执行。

第一百三十五条　药品零售质量管理制度应当包括以下内容：

（一）药品采购、验收、陈列、销售等环节的管理，设置库房的还应当包括储存、养护的管理；

（二）供货单位和采购品种的审核；

（三）处方药销售的管理；

（四）药品拆零的管理；

（五）特殊管理的药品和国家有专门管理要求的药品的管理；

（六）记录和凭证的管理；

（七）收集和查询质量信息的管理；

（八）质量事故、质量投诉的管理；

（九）中药饮片处方审核、调配、核对的管理；

（十）药品有效期的管理；

（十一）不合格药品、药品销毁的管理；

（十二）环境卫生、人员健康的规定；

（十三）提供用药咨询、指导合理用药等药学服务的管理；

（十四）人员培训及考核的规定；

（十五）药品不良反应报告的规定；

（十六）计算机系统的管理；

（十七）药品追溯的规定；

（十八）其他应当规定的内容。

第一百三十六条　企业应当明确企业负责人、质量管理、采购、验收、营业员以及处方审核、调配等岗位的职责，设置库房的还应当包括储存、养护等岗位职责。

第一百三十七条　质量管理岗位、处方审核岗位的职责不得由其他岗位人员代为履行。

第一百三十八条　药品零售操作规程应当包括：

（一）药品采购、验收、销售；

（二）处方审核、调配、核对；

（三）中药饮片处方审核、调配、核对；

（四）药品拆零销售；

（五）特殊管理的药品和国家有专门管理要求的药品的销售；

（六）营业场所药品陈列及检查；

（七）营业场所冷藏药品的存放；

（八）计算机系统的操作和管理；

（九）设置库房的还应当包括储存和养护的操作规程。

第一百三十九条　企业应当建立药品采购、验收、销售、陈列检查、温湿度监测、不合格药品处理等相关记录，做到真实、完整、准确、有效和可追溯。

第一百四十条　记录及相关凭证应当至少保存5年。特殊管理的药品的记录及凭证按相关规定保存。

第一百四十一条　通过计算机系统记录数据时，相关岗位人员应当按照操作规程，通过授权及密码登录计算机系统，进行数据的录入，保证数据原始、真实、准确、安全和可追溯。

第一百四十二条　电子记录数据应当以安全、可靠方式定期备份。

第四节　设施与设备

第一百四十三条　企业的营业场所应当与其药品经营范围、经营规模相适应，并与药品储存、办公、生活辅助及其他区域分开。

第一百四十四条　营业场所应当具有相应设施或者采取其他有效措施，避免药品受室外环境的影响，并做到宽敞、明亮、整洁、卫生。

第一百四十五条　营业场所应当有以下营业设备：

（一）货架和柜台；

（二）监测、调控温度的设备；

（三）经营中药饮片的，有存放饮片和处方调配的设备；

（四）经营冷藏药品的，有专用冷藏设备；

（五）经营第二类精神药品、毒性中药品种和罂粟壳的，有符合安全规定的专用存放设备；

（六）药品拆零销售所需的调配工具、包装用品。

第一百四十六条　企业应当建立能够符合经营和质量管理要求的计算机系统，并满足药品追溯的要求。

第一百四十七条　企业设置库房的，应当做到库房内墙、顶光洁，地面平整，门窗结构严密；有可靠的安全防护、防盗等措施。

第一百四十八条　仓库应当有以下设施设备：

（一）药品与地面之间有效隔离的设备；

（二）避光、通风、防潮、防虫、防鼠等设备；

（三）有效监测和调控温湿度的设备；

（四）符合储存作业要求的照明设备；

（五）验收专用场所；

（六）不合格药品专用存放场所；

（七）经营冷藏药品的，有与其经营品种及经营规模相适应的专用设备。

第一百四十九条　经营特殊管理的药品应当有符合国家规定的储存设施。

第一百五十条　储存中药饮片应当设立专用库房。

第一百五十一条　企业应当按照国家有关规定，对计量器具、温湿度监测设备等定期进行校准或者检定。

第五节　采购与验收

第一百五十二条　企业采购药品，应当符合本规范第二章第八节的相关规定。

第一百五十三条　药品到货时，收货人员应当按采购记录，对照供货单位的随货同行单（票）核实药品实物，做到票、账、货相符。

第一百五十四条　企业应当按规定的程序和要求对到货药品逐批进行验收，并按照本规范第八十条规定做好验收记录。

验收抽取的样品应当具有代表性。

第一百五十五条　冷藏药品到货时，应当按照本规范第七十四条规定进行检查。

第一百五十六条　验收药品应当按照本规范第七十六条规定查验药品检验报告书。

第一百五十七条　特殊管理的药品应当按照相关规定进行验收。

第一百五十八条　验收合格的药品应当及时入库或者上架，验收不合格的，不得入库或者上架，并报告质量管理人员处理。

第六节　陈列与储存

第一百五十九条　企业应当对营业场所温度进行监测和调控，以使营业场所的温度符合常温要求。

第一百六十条　企业应当定期进行卫生检查，保持环境整洁。存放、陈列药品的设备应当保持清洁卫生，不得放置与销售活动无关的物品，并采取防虫、防鼠等措施，防止污染药品。

第一百六十一条　药品的陈列应当符合以下要求：

（一）按剂型、用途以及储存要求分类陈列，并设置醒目标志，类别标签字迹清晰、放置准确。

（二）药品放置于货架（柜），摆放整齐有序，避免阳光直射。

（三）处方药、非处方药分区陈列，并有处方药、非处方药专用标识。

（四）处方药不得采用开架自选的方式陈列和销售。

（五）外用药与其他药品分开摆放。

（六）拆零销售的药品集中存放于拆零专柜或者专区。

（七）第二类精神药品、毒性中药品种和罂粟壳不得陈列。

（八）冷藏药品放置在冷藏设备中，按规定对温度进行监测和记录，并保证存放温度符合要求。

（九）中药饮片柜斗谱的书写应当正名正字；装斗前应当复核，防止错斗、串斗；应当定期清斗，防止饮片生虫、发霉、变质；不同批号的饮片装斗前应当清斗并记录。

（十）经营非药品应当设置专区，与药品区域明显隔离，并有醒目标志。

第一百六十二条　企业应当定期对陈列、存放的药品进行检查，重点检查拆零药品和易变质、近效期、摆放时间较长的药品以及中药饮片。发现有质量疑问的药品应当及时撤柜，停止销售，由质量管理人员确认和处理，并保留相关记录。

第一百六十三条　企业应当对药品的有效期进行跟踪管理，防止近效期药品售出后可能发生的过期使用。

第一百六十四条　企业设置库房的，库房的药品储存与养护管理应当符合本规范第二章第十节的相关规定。

第七节　销售管理

第一百六十五条　企业应当在营业场所的显著位置悬挂《药品经营许可证》、营业执照、执业药师注册证等。

第一百六十六条　营业人员应当佩戴有照片、姓名、岗位等内容的工作牌，是执业药师和药学技术人员的，工作牌还应当标明执业资格或者药学专业技术职称。在岗执业的执业药师应当挂牌明示。

第一百六十七条　销售药品应当符合以下要求：

（一）处方经执业药师审核后方可调配；对处方所列药品不得擅自更改或者代用，对有配伍禁忌或者超剂量的处方，应当拒绝调配，但经处方医师更正或者重新签字确认的，可以调配；调配处方后经过核对方可销售。

（二）处方审核、调配、核对人员应当在处方上签字或者盖章，并按照有关规定保存处方或者其复印件。

（三）销售近效期药品应当向顾客告知有效期。

（四）销售中药饮片做到计量准确，并告知煎服方法及注意事项；提供中药饮片代煎服务，应当符合国家有关规定。

第一百六十八条　企业销售药品应当开具销售凭证，内容包括药品名称、生产厂商、数量、价格、批号、规格等，并做好销售记录。

第一百六十九条　药品拆零销售应当符合以下要求：

（一）负责拆零销售的人员经过专门培训；

（二）拆零的工作台及工具保持清洁、卫生，防止交叉污染；

（三）做好拆零销售记录，内容包括拆零起始日期、药品的通用名称、规格、批号、生产厂商、有效期、销售数量、销售日期、分拆及复核人员等；

（四）拆零销售应当使用洁净、卫生的包装，包装上注明药品名称、规格、数量、用法、用量、批号、有效期以及药店名称等内容；

（五）提供药品说明书原件或者复印件；

（六）拆零销售期间，保留原包装和说明书。

第一百七十条　销售特殊管理的药品和国家有专门管理要求的药品，应当严格执行国家有关规定。

第一百七十一条　药品广告宣传应当严格执行国家有关广告管理的规定。

第一百七十二条　非本企业在职人员不得在营业场所内从事药品销售相关活动。

第八节　售后管理

第一百七十三条　除药品质量原因外，药品一经售出，不得退换。

第一百七十四条　企业应当在营业场所公布食品药品监督管理部门的监督电话，

设置顾客意见簿，及时处理顾客对药品质量的投诉。

第一百七十五条　企业应当按照国家有关药品不良反应报告制度的规定，收集、报告药品不良反应信息。

第一百七十六条　企业发现已售出药品有严重质量问题，应当及时采取措施追回药品并做好记录，同时向食品药品监督管理部门报告。

第一百七十七条　企业应当协助药品生产企业履行召回义务，控制和收回存在安全隐患的药品，并建立药品召回记录。

第四章　附　则

第一百七十八条　本规范下列术语的含义是：

（一）在职：与企业确定劳动关系的在册人员。

（二）在岗：相关岗位人员在工作时间内在规定的岗位履行职责。

（三）首营企业：采购药品时，与本企业首次发生供需关系的药品生产或者经营企业。

（四）首营品种：本企业首次采购的药品。

（五）原印章：企业在购销活动中，为证明企业身份在相关文件或者凭证上加盖的企业公章、发票专用章、质量管理专用章、药品出库专用章的原始印记，不能是印刷、影印、复印等复制后的印记。

（六）待验：对到货、销后退回的药品采用有效的方式进行隔离或者区分，在入库前等待质量验收的状态。

（七）零货：拆除了用于运输、储藏包装的药品。

（八）拼箱发货：将零货药品集中拼装至同一包装箱内发货的方式。

（九）拆零销售：将最小包装拆分销售的方式。

（十）国家有专门管理要求的药品：国家对蛋白同化制剂、肽类激素、含特殊药品复方制剂等品种实施特殊监管措施的药品。

第一百七十九条　药品零售连锁企业总部的管理应当符合本规范药品批发企业相关规定，门店的管理应当符合本规范药品零售企业相关规定。

第一百八十条　本规范为药品经营质量管理的基本要求。对企业信息化管理、药品储运温湿度自动监测、药品验收管理、药品冷链物流管理、零售连锁管理等具体要求，由国家食品药品监督管理总局以附录方式另行制定。

第一百八十一条　麻醉药品、精神药品、药品类易制毒化学品的追溯应当符合国家有关规定。

第一百八十二条　医疗机构药房和计划生育技术服务机构的药品采购、储存、养护等质量管理规范由国家食品药品监督管理总局商相关主管部门另行制定。

互联网销售药品的质量管理规定由国家食品药品监督管理总局另行制定。

第一百八十三条　药品经营企业违反本规范的，由食品药品监督管理部门按照《中华人民共和国药品管理法》第七十八条的规定给予处罚。

第一百八十四条　本规范自发布之日起施行，卫生部2013年6月1日施行的《药品经营质量管理规范》（中华人民共和国卫生部令第90号）同时废止。

附录二 《医疗器械监督管理条例》

中华人民共和国国务院令第739号，《医疗器械监督管理条例》已经2020年12月21日国务院第119次常务会议修订通过，现予公布，自2021年6月1日起施行。

第一章 总 则

第一条 为了保证医疗器械的安全、有效，保障人体健康和生命安全，促进医疗器械产业发展，制定本条例。

第二条 在中华人民共和国境内从事医疗器械的研制、生产、经营、使用活动及其监督管理，适用本条例。

第三条 国务院药品监督管理部门负责全国医疗器械监督管理工作。

国务院有关部门在各自的职责范围内负责与医疗器械有关的监督管理工作。

第四条 县级以上地方人民政府应当加强对本行政区域的医疗器械监督管理工作的领导，组织协调本行政区域内的医疗器械监督管理工作以及突发事件应对工作，加强医疗器械监督管理能力建设，为医疗器械安全工作提供保障。

县级以上地方人民政府负责药品监督管理的部门负责本行政区域的医疗器械监督管理工作。县级以上地方人民政府有关部门在各自的职责范围内负责与医疗器械有关的监督管理工作。

第五条 医疗器械监督管理遵循风险管理、全程管控、科学监管、社会共治的原则。

第六条 国家对医疗器械按照风险程度实行分类管理。

第一类是风险程度低，实行常规管理可以保证其安全、有效的医疗器械。

第二类是具有中度风险，需要严格控制管理以保证其安全、有效的医疗器械。

第三类是具有较高风险，需要采取特别措施严格控制管理以保证其安全、有效的医疗器械。

评价医疗器械风险程度，应当考虑医疗器械的预期目的、结构特征、使用方法等因素。

国务院药品监督管理部门负责制定医疗器械的分类规则和分类目录，并根据医疗器械生产、经营、使用情况，及时对医疗器械的风险变化进行分析、评价，对分类规则和分类目录进行调整。制定、调整分类规则和分类目录，应当充分听取医疗器械注册人、备案人、生产经营企业以及使用单位、行业组织的意见，并参考国际医疗器械分类实践。医疗器械分类规则和分类目录应当向社会公布。

第七条　医疗器械产品应当符合医疗器械强制性国家标准；尚无强制性国家标准的，应当符合医疗器械强制性行业标准。

第八条　国家制定医疗器械产业规划和政策，将医疗器械创新纳入发展重点，对创新医疗器械予以优先审评审批，支持创新医疗器械临床推广和使用，推动医疗器械产业高质量发展。国务院药品监督管理部门应当配合国务院有关部门，贯彻实施国家医疗器械产业规划和引导政策。

第九条　国家完善医疗器械创新体系，支持医疗器械的基础研究和应用研究，促进医疗器械新技术的推广和应用，在科技立项、融资、信贷、招标采购、医疗保险等方面予以支持。支持企业设立或者联合组建研制机构，鼓励企业与高等学校、科研院所、医疗机构等合作开展医疗器械的研究与创新，加强医疗器械知识产权保护，提高医疗器械自主创新能力。

第十条　国家加强医疗器械监督管理信息化建设，提高在线政务服务水平，为医疗器械行政许可、备案等提供便利。

第十一条　医疗器械行业组织应当加强行业自律，推进诚信体系建设，督促企业依法开展生产经营活动，引导企业诚实守信。

第十二条　对在医疗器械的研究与创新方面做出突出贡献的单位和个人，按照国家有关规定给予表彰奖励。

第二章　医疗器械产品注册与备案

第十三条　第一类医疗器械实行产品备案管理，第二类、第三类医疗器械实行产品注册管理。

医疗器械注册人、备案人应当加强医疗器械全生命周期质量管理，对研制、生产、经营、使用全过程中医疗器械的安全性、有效性依法承担责任。

第十四条　第一类医疗器械产品备案和申请第二类、第三类医疗器械产品注册，应当提交下列资料：

（一）产品风险分析资料；

（二）产品技术要求；

（三）产品检验报告；

（四）临床评价资料；

（五）产品说明书以及标签样稿；

（六）与产品研制、生产有关的质量管理体系文件；

（七）证明产品安全、有效所需的其他资料。

产品检验报告应当符合国务院药品监督管理部门的要求，可以是医疗器械注册申请人、备案人的自检报告，也可以是委托有资质的医疗器械检验机构出具的检验报告。

符合本条例第二十四条规定的免于进行临床评价情形的，可以免于提交临床评价资料。

医疗器械注册申请人、备案人应当确保提交的资料合法、真实、准确、完整和可追溯。

第十五条　第一类医疗器械产品备案，由备案人向所在地设区的市级人民政府负责药品监督管理的部门提交备案资料。

向我国境内出口第一类医疗器械的境外备案人，由其指定的我国境内企业法人向国务院药品监督管理部门提交备案资料和备案人所在国（地区）主管部门准许该医疗器械上市销售的证明文件。未在境外上市的创新医疗器械，可以不提交备案人所在国（地区）主管部门准许该医疗器械上市销售的证明文件。

备案人向负责药品监督管理的部门提交符合本条例规定的备案资料后即完成备案。负责药品监督管理的部门应当自收到备案资料之日起5个工作日内，通过国务院药品监督管理部门在线政务服务平台向社会公布备案有关信息。

备案资料载明的事项发生变化的，应当向原备案部门变更备案。

第十六条　申请第二类医疗器械产品注册，注册申请人应当向所在地省、自治区、直辖市人民政府药品监督管理部门提交注册申请资料。申请第三类医疗器械产品注册，注册申请人应当向国务院药品监督管理部门提交注册申请资料。

向我国境内出口第二类、第三类医疗器械的境外注册申请人，由其指定的我国境内企业法人向国务院药品监督管理部门提交注册申请资料和注册申请人所在国（地区）主管部门准许该医疗器械上市销售的证明文件。未在境外上市的创新医疗器械，可以不提交注册申请人所在国（地区）主管部门准许该医疗器械上市销售的证明文件。

国务院药品监督管理部门应当对医疗器械注册审查程序和要求作出规定，并加强对省、自治区、直辖市人民政府药品监督管理部门注册审查工作的监督指导。

第十七条　受理注册申请的药品监督管理部门应当对医疗器械的安全性、有效性以及注册申请人保证医疗器械安全、有效的质量管理能力等进行审查。

受理注册申请的药品监督管理部门应当自受理注册申请之日起3个工作日内将注册申请资料转交技术审评机构。技术审评机构应当在完成技术审评后，将审评意见提交受理注册申请的药品监督管理部门作为审批的依据。

受理注册申请的药品监督管理部门在组织对医疗器械的技术审评时认为有必要对质量管理体系进行核查的，应当组织开展质量管理体系核查。

第十八条　受理注册申请的药品监督管理部门应当自收到审评意见之日起20个工作日内作出决定。对符合条件的，准予注册并发给医疗器械注册证；对不符合条件的，不予注册并书面说明理由。

受理注册申请的药品监督管理部门应当自医疗器械准予注册之日起5个工作日内，通过国务院药品监督管理部门在线政务服务平台向社会公布注册有关信息。

第十九条　对用于治疗罕见疾病、严重危及生命且尚无有效治疗手段的疾病和应对公共卫生事件等急需的医疗器械，受理注册申请的药品监督管理部门可以作出附条件批准决定，并在医疗器械注册证中载明相关事项。

出现特别重大突发公共卫生事件或者其他严重威胁公众健康的紧急事件，国务院卫生主管部门根据预防、控制事件的需要提出紧急使用医疗器械的建议，经国务院药品监督管理部门组织论证同意后可以在一定范围和期限内紧急使用。

第二十条　医疗器械注册人、备案人应当履行下列义务：

（一）建立与产品相适应的质量管理体系并保持有效运行；

（二）制定上市后研究和风险管控计划并保证有效实施；

（三）依法开展不良事件监测和再评价；

（四）建立并执行产品追溯和召回制度；

（五）国务院药品监督管理部门规定的其他义务。

境外医疗器械注册人、备案人指定的我国境内企业法人应当协助注册人、备案人履行前款规定的义务。

第二十一条　已注册的第二类、第三类医疗器械产品，其设计、原材料、生产工艺、适用范围、使用方法等发生实质性变化，有可能影响该医疗器械安全、有效的，注册人应当向原注册部门申请办理变更注册手续；发生其他变化的，应当按照国务院药品监督管理部门的规定备案或者报告。

第二十二条　医疗器械注册证有效期为5年。有效期届满需要延续注册的，应当在有效期届满6个月前向原注册部门提出延续注册的申请。

除有本条第三款规定情形外，接到延续注册申请的药品监督管理部门应当在医疗器械注册证有效期届满前作出准予延续的决定。逾期未作决定的，视为准予延续。

有下列情形之一的，不予延续注册：

（一）未在规定期限内提出延续注册申请；

（二）医疗器械强制性标准已经修订，申请延续注册的医疗器械不能达到新要求；

（三）附条件批准的医疗器械，未在规定期限内完成医疗器械注册证载明事项。

第二十三条　对新研制的尚未列入分类目录的医疗器械，申请人可以依照本条例有关第三类医疗器械产品注册的规定直接申请产品注册，也可以依据分类规则判断产品类别并向国务院药品监督管理部门申请类别确认后依照本条例的规定申请产品注册或者进行产品备案。

直接申请第三类医疗器械产品注册的，国务院药品监督管理部门应当按照风险程度确定类别，对准予注册的医疗器械及时纳入分类目录。申请类别确认的，国务院药品监督管理部门应当自受理申请之日起20个工作日内对该医疗器械的类别进行判定并告知申请人。

第二十四条　医疗器械产品注册、备案，应当进行临床评价；但是符合下列情形之一，可以免于进行临床评价：

（一）工作机理明确、设计定型，生产工艺成熟，已上市的同品种医疗器械临床应用多年且无严重不良事件记录，不改变常规用途的；

（二）其他通过非临床评价能够证明该医疗器械安全、有效的。

国务院药品监督管理部门应当制定医疗器械临床评价指南。

第二十五条　进行医疗器械临床评价，可以根据产品特征、临床风险、已有临床数据等情形，通过开展临床试验，或者通过对同品种医疗器械临床文献资料、临床数据进行分析评价，证明医疗器械安全、有效。

按照国务院药品监督管理部门的规定，进行医疗器械临床评价时，已有临床文献资料、临床数据不足以确认产品安全、有效的医疗器械，应当开展临床试验。

第二十六条　开展医疗器械临床试验，应当按照医疗器械临床试验质量管理规范的要求，在具备相应条件的临床试验机构进行，并向临床试验申办者所在地省、自治区、直辖市人民政府药品监督管理部门备案。接受临床试验备案的药品监督管理部门应当将备案情况通报临床试验机构所在地同级药品监督管理部门和卫生主管部门。

医疗器械临床试验机构实行备案管理。医疗器械临床试验机构应当具备的条件以及备案管理办法和临床试验质量管理规范，由国务院药品监督管理部门会同国务院卫生主管部门制定并公布。

国家支持医疗机构开展临床试验，将临床试验条件和能力评价纳入医疗机构等级评审，鼓励医疗机构开展创新医疗器械临床试验。

第二十七条　第三类医疗器械临床试验对人体具有较高风险的，应当经国务院药品监督管理部门批准。国务院药品监督管理部门审批临床试验，应当对拟承担医疗器械临床试验的机构的设备、专业人员等条件，该医疗器械的风险程度，临床试验实施方案，临床受益与风险对比分析报告等进行综合分析，并自受理申请之日起60个工作日内作出决定并通知临床试验申办者。逾期未通知的，视为同意。准予开展临床试验的，应当通报临床试验机构所在地省、自治区、直辖市人民政府药品监督管理部门和卫生主管部门。

临床试验对人体具有较高风险的第三类医疗器械目录由国务院药品监督管理部门制定、调整并公布。

第二十八条　开展医疗器械临床试验，应当按照规定进行伦理审查，向受试者告知试验目的、用途和可能产生的风险等详细情况，获得受试者的书面知情同意；受试者为无民事行为能力人或者限制民事行为能力人的，应当依法获得其监护人的书面知情同意。

开展临床试验，不得以任何形式向受试者收取与临床试验有关的费用。

第二十九条　对正在开展临床试验的用于治疗严重危及生命且尚无有效治疗手段的疾病的医疗器械，经医学观察可能使患者获益，经伦理审查、知情同意后，可以在开展医疗器械临床试验的机构内免费用于其他病情相同的患者，其安全性数据可以用于医疗器械注册申请。

第三章　医疗器械生产

第三十条　从事医疗器械生产活动，应当具备下列条件：

（一）有与生产的医疗器械相适应的生产场地、环境条件、生产设备以及专业技术人员；

（二）有能对生产的医疗器械进行质量检验的机构或者专职检验人员以及检验设备；

（三）有保证医疗器械质量的管理制度；

（四）有与生产的医疗器械相适应的售后服务能力；

（五）符合产品研制、生产工艺文件规定的要求。

第三十一条　从事第一类医疗器械生产的，应当向所在地设区的市级人民政府负责药品监督管理的部门备案，在提交符合本条例第三十条规定条件的有关资料后即完成备案。

医疗器械备案人自行生产第一类医疗器械的，可以在依照本条例第十五条规定进行产品备案时一并提交符合本条例第三十条规定条件的有关资料，即完成生产备案。

第三十二条　从事第二类、第三类医疗器械生产的，应当向所在地省、自治区、直辖市人民政府药品监督管理部门申请生产许可并提交其符合本条例第三十条规定条件的有关资料以及所生产医疗器械的注册证。

受理生产许可申请的药品监督管理部门应当对申请资料进行审核，按照国务院药品监督管理部门制定的医疗器械生产质量管理规范的要求进行核查，并自受理申请之日起20个工作日内作出决定。对符合规定条件的，准予许可并发给医疗器械生产许可证；对不符合规定条件的，不予许可并书面说明理由。

医疗器械生产许可证有效期为5年。有效期届满需要延续的，依照有关行政许可的法律规定办理延续手续。

第三十三条　医疗器械生产质量管理规范应当对医疗器械的设计开发、生产设备条件、原材料采购、生产过程控制、产品放行、企业的机构设置和人员配备等影响医疗器械安全、有效的事项作出明确规定。

第三十四条　医疗器械注册人、备案人可以自行生产医疗器械，也可以委托符合本条例规定、具备相应条件的企业生产医疗器械。

委托生产医疗器械的，医疗器械注册人、备案人应当对所委托生产的医疗器械质量负责，并加强对受托生产企业生产行为的管理，保证其按照法定要求进行生产。医疗器械注册人、备案人应当与受托生产企业签订委托协议，明确双方权利、义务和责任。受托生产企业应当依照法律法规、医疗器械生产质量管理规范、强制性标准、产品技术要求和委托协议组织生产，对生产行为负责，并接受委托方的监督。

具有高风险的植入性医疗器械不得委托生产，具体目录由国务院药品监督管理部门制定、调整并公布。

第三十五条　医疗器械注册人、备案人、受托生产企业应当按照医疗器械生产质量管理规范，建立健全与所生产医疗器械相适应的质量管理体系并保证其有效运行；严格按照经注册或者备案的产品技术要求组织生产，保证出厂的医疗器械符合强制性标准以及经注册或者备案的产品技术要求。

医疗器械注册人、备案人、受托生产企业应当定期对质量管理体系的运行情况进行自查，并按照国务院药品监督管理部门的规定提交自查报告。

第三十六条　医疗器械的生产条件发生变化，不再符合医疗器械质量管理体系要求的，医疗器械注册人、备案人、受托生产企业应当立即采取整改措施；可能影响医疗器械安全、有效的，应当立即停止生产活动，并向原生产许可或者生产备案部门报告。

第三十七条　医疗器械应当使用通用名称。通用名称应当符合国务院药品监督管理理部门制定的医疗器械命名规则。

第三十八条　国家根据医疗器械产品类别，分步实施医疗器械唯一标识制度，实现医疗器械可追溯，具体办法由国务院药品监督管理部门会同国务院有关部门制定。

第三十九条　医疗器械应当有说明书、标签。说明书、标签的内容应当与经注册或者备案的相关内容一致，确保真实、准确。

医疗器械的说明书、标签应当标明下列事项：

（一）通用名称、型号、规格；

（二）医疗器械注册人、备案人、受托生产企业的名称、地址以及联系方式；

（三）生产日期，使用期限或者失效日期；

（四）产品性能、主要结构、适用范围；

（五）禁忌、注意事项以及其他需要警示或者提示的内容；

（六）安装和使用说明或者图示；

（七）维护和保养方法，特殊运输、贮存的条件、方法；

（八）产品技术要求规定应当标明的其他内容。

第二类、第三类医疗器械还应当标明医疗器械注册证编号。

由消费者个人自行使用的医疗器械还应当具有安全使用的特别说明。

第四章　医疗器械经营与使用

第四十条　从事医疗器械经营活动，应当有与经营规模和经营范围相适应的经营场所和贮存条件，以及与经营的医疗器械相适应的质量管理制度和质量管理机构或者人员。

第四十一条　从事第二类医疗器械经营的，由经营企业向所在地设区的市级人民政府负责药品监督管理的部门备案并提交符合本条例第四十条规定条件的有关资料。

按照国务院药品监督管理部门的规定，对产品安全性、有效性不受流通过程影响的第二类医疗器械，可以免于经营备案。

第四十二条　从事第三类医疗器械经营的，经营企业应当向所在地设区的市级人民政府负责药品监督管理的部门申请经营许可并提交符合本条例第四十条规定条件的有关资料。

受理经营许可申请的负责药品监督管理的部门应当对申请资料进行审查，必要时组织核查，并自受理申请之日起20个工作日内作出决定。对符合规定条件的，准予许可并发给医疗器械经营许可证；对不符合规定条件的，不予许可并书面说明理由。

医疗器械经营许可证有效期为5年。有效期届满需要延续的，依照有关行政许可的法律规定办理延续手续。

第四十三条　医疗器械注册人、备案人经营其注册、备案的医疗器械，无需办理医疗器械经营许可或者备案，但应当符合本条例规定的经营条件。

第四十四条　从事医疗器械经营，应当依照法律法规和国务院药品监督管理部门制定的医疗器械经营质量管理规范的要求，建立健全与所经营医疗器械相适应的质量管理体系并保证其有效运行。

第四十五条　医疗器械经营企业、使用单位应当从具备合法资质的医疗器械注册人、备案人、生产经营企业购进医疗器械。购进医疗器械时，应当查验供货者的资质和医疗器械的合格证明文件，建立进货查验记录制度。从事第二类、第三类医疗器械批发业务以及第三类医疗器械零售业务的经营企业，还应当建立销售记录制度。

记录事项包括：

（一）医疗器械的名称、型号、规格、数量；

（二）医疗器械的生产批号、使用期限或者失效日期、销售日期；

（三）医疗器械注册人、备案人和受托生产企业的名称；

（四）供货者或者购货者的名称、地址以及联系方式；

（五）相关许可证明文件编号等。

进货查验记录和销售记录应当真实、准确、完整和可追溯，并按照国务院药品监督管理部门规定的期限予以保存。国家鼓励采用先进技术手段进行记录。

第四十六条　从事医疗器械网络销售的，应当是医疗器械注册人、备案人或者医疗器械经营企业。从事医疗器械网络销售的经营者，应当将从事医疗器械网络销售的相关信息告知所在地设区的市级人民政府负责药品监督管理的部门，经营第一类医疗器械和本条例第四十一条第二款规定的第二类医疗器械的除外。

为医疗器械网络交易提供服务的电子商务平台经营者应当对入网医疗器械经营者进行实名登记，审查其经营许可、备案情况和所经营医疗器械产品注册、备案情况，并对其经营行为进行管理。电子商务平台经营者发现入网医疗器械经营者有违反本条例规定行为的，应当及时制止并立即报告医疗器械经营者所在地设区的市级人民政府负责药品监督管理的部门；发现严重违法行为的，应当立即停止提供网络交易平台服务。

第四十七条　运输、贮存医疗器械，应当符合医疗器械说明书和标签标示的要求；对温度、湿度等环境条件有特殊要求的，应当采取相应措施，保证医疗器械的安全、有效。

第四十八条　医疗器械使用单位应当有与在用医疗器械品种、数量相适应的贮存场所和条件。医疗器械使用单位应当加强对工作人员的技术培训，按照产品说明书、技术操作规范等要求使用医疗器械。

医疗器械使用单位配置大型医用设备，应当符合国务院卫生主管部门制定的大型医用设备配置规划，与其功能定位、临床服务需求相适应，具有相应的技术条件、配套设施和具备相应资质、能力的专业技术人员，并经省级以上人民政府卫生主管部门批准，取得大型医用设备配置许可证。

大型医用设备配置管理办法由国务院卫生主管部门会同国务院有关部门制定。大型医用设备目录由国务院卫生主管部门商国务院有关部门提出，报国务院批准后执行。

第四十九条　医疗器械使用单位对重复使用的医疗器械，应当按照国务院卫生主管部门制定的消毒和管理的规定进行处理。

一次性使用的医疗器械不得重复使用，对使用过的应当按照国家有关规定销毁并记录。一次性使用的医疗器械目录由国务院药品监督管理部门会同国务院卫生主管部门制定、调整并公布。列入一次性使用的医疗器械目录，应当具有充足的无法重复使用的证据理由。重复使用可以保证安全、有效的医疗器械，不列入一次性使用的医疗器械目录。对因设计、生产工艺、消毒灭菌技术等改进后重复使用可以保证安全、有效的医疗器械，应当调整出一次性使用的医疗器械目录，允许重复使用。

第五十条　医疗器械使用单位对需要定期检查、检验、校准、保养、维护的医疗器械，应当按照产品说明书的要求进行检查、检验、校准、保养、维护并予以记录，及时进行分析、评估，确保医疗器械处于良好状态，保障使用质量；对使用期限长的大型医疗器械，应当逐台建立使用档案，记录其使用、维护、转让、实际使用时间等事项。记录保存期限不得少于医疗器械规定使用期限终止后5年。

第五十一条　医疗器械使用单位应当妥善保存购入第三类医疗器械的原始资料，并确保信息具有可追溯性。

使用大型医疗器械以及植入和介入类医疗器械的，应当将医疗器械的名称、关键性技术参数等信息以及与使用质量安全密切相关的必要信息记载到病历等相关记录中。

第五十二条　发现使用的医疗器械存在安全隐患的，医疗器械使用单位应当立即停止使用，并通知医疗器械注册人、备案人或者其他负责产品质量的机构进行检修；经检修仍不能达到使用安全标准的医疗器械，不得继续使用。

第五十三条　对国内尚无同品种产品上市的体外诊断试剂，符合条件的医疗机构根据本单位的临床需要，可以自行研制，在执业医师指导下在本单位内使用。具体管理办法由国务院药品监督管理部门会同国务院卫生主管部门制定。

第五十四条　负责药品监督管理的部门和卫生主管部门依据各自职责，分别对使用环节的医疗器械质量和医疗器械使用行为进行监督管理。

第五十五条　医疗器械经营企业、使用单位不得经营、使用未依法注册或者备案、无合格证明文件以及过期、失效、淘汰的医疗器械。

第五十六条　医疗器械使用单位之间转让在用医疗器械，转让方应当确保所转让的医疗器械安全、有效，不得转让过期、失效、淘汰以及检验不合格的医疗器械。

第五十七条　进口的医疗器械应当是依照本条例第二章的规定已注册或者已备案的医疗器械。

进口的医疗器械应当有中文说明书、中文标签。说明书、标签应当符合本条例规定以及相关强制性标准的要求，并在说明书中载明医疗器械的原产地以及境外医疗器械注册人、备案人指定的我国境内企业法人的名称、地址、联系方式。没有中文说明书、中文标签或者说明书、标签不符合本条规定的，不得进口。

医疗机构因临床急需进口少量第二类、第三类医疗器械的，经国务院药品监督管理部门或者国务院授权的省、自治区、直辖市人民政府批准，可以进口。进口的医疗器械应当在指定医疗机构内用于特定医疗目的。

禁止进口过期、失效、淘汰等已使用过的医疗器械。

第五十八条　出入境检验检疫机构依法对进口的医疗器械实施检验；检验不合格的，不得进口。

国务院药品监督管理部门应当及时向国家出入境检验检疫部门通报进口医疗器械的注册和备案情况。进口口岸所在地出入境检验检疫机构应当及时向所在地设区的市级人民政府负责药品监督管理的部门通报进口医疗器械的通关情况。

第五十九条　出口医疗器械的企业应当保证其出口的医疗器械符合进口国（地区）的要求。

第六十条　医疗器械广告的内容应当真实合法，以经负责药品监督管理的部门注册或者备案的医疗器械说明书为准，不得含有虚假、夸大、误导性的内容。

发布医疗器械广告，应当在发布前由省、自治区、直辖市人民政府确定的广告审查机关对广告内容进行审查，并取得医疗器械广告批准文号；未经审查，不得发布。

省级以上人民政府药品监督管理部门责令暂停生产、进口、经营和使用的医疗器械，在暂停期间不得发布涉及该医疗器械的广告。

医疗器械广告的审查办法由国务院市场监督管理部门制定。

第五章 不良事件的处理与医疗器械的召回

第六十一条 国家建立医疗器械不良事件监测制度，对医疗器械不良事件及时进行收集、分析、评价、控制。

第六十二条 医疗器械注册人、备案人应当建立医疗器械不良事件监测体系，配备与其产品相适应的不良事件监测机构和人员，对其产品主动开展不良事件监测，并按照国务院药品监督管理部门的规定，向医疗器械不良事件监测技术机构报告调查、分析、评价、产品风险控制等情况。

医疗器械生产经营企业、使用单位应当协助医疗器械注册人、备案人对所生产经营或者使用的医疗器械开展不良事件监测；发现医疗器械不良事件或者可疑不良事件，应当按照国务院药品监督管理部门的规定，向医疗器械不良事件监测技术机构报告。

其他单位和个人发现医疗器械不良事件或者可疑不良事件，有权向负责药品监督管理的部门或者医疗器械不良事件监测技术机构报告。

第六十三条 国务院药品监督管理部门应当加强医疗器械不良事件监测信息网络建设。

医疗器械不良事件监测技术机构应当加强医疗器械不良事件信息监测，主动收集不良事件信息；发现不良事件或者接到不良事件报告的，应当及时进行核实，必要时进行调查、分析、评估，向负责药品监督管理的部门和卫生主管部门报告并提出处理建议。

医疗器械不良事件监测技术机构应当公布联系方式，方便医疗器械注册人、备案人、生产经营企业、使用单位等报告医疗器械不良事件。

第六十四条 负责药品监督管理的部门应当根据医疗器械不良事件评估结果及时采取发布警示信息以及责令暂停生产、进口、经营和使用等控制措施。

省级以上人民政府药品监督管理部门应当会同同级卫生主管部门和相关部门组织对引起突发、群发的严重伤害或者死亡的医疗器械不良事件及时进行调查和处理，并组织对同类医疗器械加强监测。

负责药品监督管理的部门应当及时向同级卫生主管部门通报医疗器械使用单位的不良事件监测有关情况。

第六十五条 医疗器械注册人、备案人、生产经营企业、使用单位应当对医疗器械不良事件监测技术机构、负责药品监督管理的部门、卫生主管部门开展的医疗器械不良事件调查予以配合。

第六十六条 有下列情形之一的，医疗器械注册人、备案人应当主动开展已上市医疗器械再评价：

（一）根据科学研究的发展，对医疗器械的安全、有效有认识上的改变；

（二）医疗器械不良事件监测、评估结果表明医疗器械可能存在缺陷；

（三）国务院药品监督管理部门规定的其他情形。

医疗器械注册人、备案人应当根据再评价结果，采取相应控制措施，对已上市医疗器械进行改进，并按照规定进行注册变更或者备案变更。再评价结果表明已上市医疗器械不能保证安全、有效的，医疗器械注册人、备案人应当主动申请注销医疗器械注册证或者取消备案；医疗器械注册人、备案人未申请注销医疗器械注册证或者取消备案的，由负责药品监督管理的部门注销医疗器械注册证或者取消备案。

省级以上人民政府药品监督管理部门根据医疗器械不良事件监测、评估等情况，对已上市医疗器械开展再评价。再评价结果表明已上市医疗器械不能保证安全、有效的，应当注销医疗器械注册证或者取消备案。

负责药品监督管理的部门应当向社会及时公布注销医疗器械注册证和取消备案情况。被注销医疗器械注册证或者取消备案的医疗器械不得继续生产、进口、经营、使用。

第六十七条　医疗器械注册人、备案人发现生产的医疗器械不符合强制性标准、经注册或者备案的产品技术要求，或者存在其他缺陷的，应当立即停止生产，通知相关经营企业、使用单位和消费者停止经营和使用，召回已经上市销售的医疗器械，采取补救、销毁等措施，记录相关情况，发布相关信息，并将医疗器械召回和处理情况向负责药品监督管理的部门和卫生主管部门报告。

医疗器械受托生产企业、经营企业发现生产、经营的医疗器械存在前款规定情形的，应当立即停止生产、经营，通知医疗器械注册人、备案人，并记录停止生产、经营和通知情况。医疗器械注册人、备案人认为属于依照前款规定需要召回的医疗器械，应当立即召回。

医疗器械注册人、备案人、受托生产企业、经营企业未依照本条规定实施召回或者停止生产、经营的，负责药品监督管理的部门可以责令其召回或者停止生产、经营。

第六章　监督检查

第六十八条　国家建立职业化专业化检查员制度，加强对医疗器械的监督检查。

第六十九条　负责药品监督管理的部门应当对医疗器械的研制、生产、经营活动以及使用环节的医疗器械质量加强监督检查，并对下列事项进行重点监督检查：

（一）是否按照经注册或者备案的产品技术要求组织生产；

（二）质量管理体系是否保持有效运行；

（三）生产经营条件是否持续符合法定要求。

必要时，负责药品监督管理的部门可以对为医疗器械研制、生产、经营、使用等活动提供产品或者服务的其他相关单位和个人进行延伸检查。

第七十条　负责药品监督管理的部门在监督检查中有下列职权：

（一）进入现场实施检查、抽取样品；

（二）查阅、复制、查封、扣押有关合同、票据、账簿以及其他有关资料；

（三）查封、扣押不符合法定要求的医疗器械，违法使用的零配件、原材料以及用于违法生产经营医疗器械的工具、设备；

（四）查封违反本条例规定从事医疗器械生产经营活动的场所。

进行监督检查，应当出示执法证件，保守被检查单位的商业秘密。

有关单位和个人应当对监督检查予以配合，提供相关文件和资料，不得隐瞒、拒绝、阻挠。

第七十一条　卫生主管部门应当对医疗机构的医疗器械使用行为加强监督检查。实施监督检查时，可以进入医疗机构，查阅、复制有关档案、记录以及其他有关资料。

第七十二条　医疗器械生产经营过程中存在产品质量安全隐患，未及时采取措施消除的，负责药品监督管理的部门可以采取告诫、责任约谈、责令限期整改等措施。

对人体造成伤害或者有证据证明可能危害人体健康的医疗器械，负责药品监督管理的部门可以采取责令暂停生产、进口、经营、使用的紧急控制措施，并发布安全警示信息。

第七十三条　负责药品监督管理的部门应当加强对医疗器械注册人、备案人、生产经营企业和使用单位生产、经营、使用的医疗器械的抽查检验。抽查检验不得收取检验费和其他任何费用，所需费用纳入本级政府预算。省级以上人民政府药品监督管理部门应当根据抽查检验结论及时发布医疗器械质量公告。

卫生主管部门应当对大型医用设备的使用状况进行监督和评估；发现违规使用以及与大型医用设备相关的过度检查、过度治疗等情形的，应当立即纠正，依法予以处理。

第七十四条　负责药品监督管理的部门未及时发现医疗器械安全系统性风险，未及时消除监督管理区域内医疗器械安全隐患的，本级人民政府或者上级人民政府负责药品监督管理的部门应当对其主要负责人进行约谈。

地方人民政府未履行医疗器械安全职责，未及时消除区域性重大医疗器械安全隐患的，上级人民政府或者上级人民政府负责药品监督管理的部门应当对其主要负责人进行约谈。

被约谈的部门和地方人民政府应当立即采取措施，对医疗器械监督管理工作进行整改。

第七十五条　医疗器械检验机构资质认定工作按照国家有关规定实行统一管理。经国务院认证认可监督管理部门会同国务院药品监督管理部门认定的检验机构，方可对医疗器械实施检验。

负责药品监督管理的部门在执法工作中需要对医疗器械进行检验的，应当委托有资质的医疗器械检验机构进行，并支付相关费用。

当事人对检验结论有异议的，可以自收到检验结论之日起7个工作日内向实施抽样检验的部门或者其上一级负责药品监督管理的部门提出复检申请，由受理复检申请的部门在复检机构名录中随机确定复检机构进行复检。承担复检工作的医疗器械检验机构应当在国务院药品监督管理部门规定的时间内作出复检结论。复检结论为最终检验结论。复检机构与初检机构不得为同一机构；相关检验项目只有一家有资质的检验机构的，复检时应当变更承办部门或者人员。复检机构名录由国务院药品监督管理部门公布。

第七十六条　对可能存在有害物质或者擅自改变医疗器械设计、原材料和生产工艺并存在安全隐患的医疗器械，按照医疗器械国家标准、行业标准规定的检验项目和检验方法无法检验的，医疗器械检验机构可以使用国务院药品监督管理部门批准的补充检验项目和检验方法进行检验；使用补充检验项目、检验方法得出的检验结论，可以作为负责药品监督管理的部门认定医疗器械质量的依据。

第七十七条　市场监督管理部门应当依照有关广告管理的法律、行政法规的规定，对医疗器械广告进行监督检查，查处违法行为。

第七十八条　负责药品监督管理的部门应当通过国务院药品监督管理部门在线政务服务平台依法及时公布医疗器械许可、备案、抽查检验、违法行为查处等日常监督管理信息。但是，不得泄露当事人的商业秘密。

负责药品监督管理的部门建立医疗器械注册人、备案人、生产经营企业、使用单位信用档案，对有不良信用记录的增加监督检查频次，依法加强失信惩戒。

第七十九条　负责药品监督管理的部门等部门应当公布本单位的联系方式，接受咨询、投诉、举报。负责药品监督管理的部门等部门接到与医疗器械监督管理有关的咨询，应当及时答复；接到投诉、举报，应当及时核实、处理、答复。对咨询、投诉、举报情况及其答复、核实、处理情况，应当予以记录、保存。

有关医疗器械研制、生产、经营、使用行为的举报经调查属实的，负责药品监督管理的部门等部门对举报人应当给予奖励。有关部门应当为举报人保密。

第八十条　国务院药品监督管理部门制定、调整、修改本条例规定的目录以及与医疗器械监督管理有关的规范，应当公开征求意见；采取听证会、论证会等形式，听取专家、医疗器械注册人、备案人、生产经营企业、使用单位、消费者、行业协会以及相关组织等方面的意见。

第七章　法律责任

第八十一条　有下列情形之一的，由负责药品监督管理的部门没收违法所得、违法生产经营的医疗器械和用于违法生产经营的工具、设备、原材料等物品；违法生产经营的医疗器械货值金额不足1万元的，并处5万元以上15万元以下罚款；货值金额1万元以上的，并处货值金额15倍以上30倍以下罚款；情节严重的，责令停产停业，10年内不受理相关责任人以及单位提出的医疗器械许可申请，对违法单位的法定代表人、主要负责人、直接负责的主管人员和其他责任人员，没收违法行为发生期间自本单位所获收入，并处所获收入30%以上3倍以下罚款，终身禁止其从事医疗器械生产经营活动：

（一）生产、经营未取得医疗器械注册证的第二类、第三类医疗器械；

（二）未经许可从事第二类、第三类医疗器械生产活动；

（三）未经许可从事第三类医疗器械经营活动。

有前款第一项情形、情节严重的，由原发证部门吊销医疗器械生产许可证或者医疗器械经营许可证。

第八十二条　未经许可擅自配置使用大型医用设备的，由县级以上人民政府卫生主管部门责令停止使用，给予警告，没收违法所得；违法所得不足1万元的，并处5万元以上10万元以下罚款；违法所得1万元以上的，并处违法所得10倍以上30倍以下罚款；情节严重的，5年内不受理相关责任人以及单位提出的大型医用设备配置许可申请，对违法单位的法定代表人、主要负责人、直接负责的主管人员和其他责任人员，没收违法行为发生期间自本单位所获收入，并处所获收入30%以上3倍以下罚款，依法给予处分。

第八十三条　在申请医疗器械行政许可时提供虚假资料或者采取其他欺骗手段的，不予行政许可，已经取得行政许可的，由作出行政许可决定的部门撤销行政许可，没收违法所得、违法生产经营使用的医疗器械，10年内不受理相关责任人以及单位提出的医疗器械许可申请；违法生产经营使用的医疗器械货值金额不足1万元的，并处5万元以上15万元以下罚款；货值金额1万元以上的，并处货值金额15倍以上30倍以下罚款；情节严重的，责令停产停业，对违法单位的法定代表人、主要负责人、直接负责的主管人员和其他责任人员，没收违法行为发生期间自本单位所获收入，并处所获收入30%以上3倍以下罚款，终身禁止其从事医疗器械生产经营活动。

伪造、变造、买卖、出租、出借相关医疗器械许可证件的，由原发证部门予以收缴或者吊销，没收违法所得；违法所得不足1万元的，并处5万元以上10万元以下罚款；违法所得1万元以上的，并处违法所得10倍以上20倍以下罚款；构成违反治安管理行为的，由公安机关依法予以治安管理处罚。

第八十四条　有下列情形之一的，由负责药品监督管理的部门向社会公告单位和产品名称，责令限期改正；逾期不改正的，没收违法所得、违法生产经营的医疗器械；违法生产经营的医疗器械货值金额不足1万元的，并处1万元以上5万元以下罚款；货值金额1万元以上的，并处货值金额5倍以上20倍以下罚款；情节严重的，对违法单位的法定代表人、主要负责人、直接负责的主管人员和其他责任人员，没收违法行为发生期间自本单位所获收入，并处所获收入30%以上2倍以下罚款，5年内禁止其从事医疗器械生产经营活动：

（一）生产、经营未经备案的第一类医疗器械；

（二）未经备案从事第一类医疗器械生产；

（三）经营第二类医疗器械，应当备案但未备案；

（四）已经备案的资料不符合要求。

第八十五条　备案时提供虚假资料的，由负责药品监督管理的部门向社会公告备案单位和产品名称，没收违法所得、违法生产经营的医疗器械；违法生产经营的医疗器械货值金额不足1万元的，并处2万元以上5万元以下罚款；货值金额1万元以上的，并处货值金额5倍以上20倍以下罚款；情节严重的，责令停产停业，对违法单位的法定代表人、主要负责人、直接负责的主管人员和其他责任人员，没收违法行为发生期间自本单位所获收入，并处所获收入30%以上3倍以下罚款，10年内禁止其从事医疗器械生产经营活动。

第八十六条　有下列情形之一的，由负责药品监督管理的部门责令改正，没收违法生产经营使用的医疗器械；违法生产经营使用的医疗器械货值金额不足1万元的，并处2万元以上5万元以下罚款；货值金额1万元以上的，并处货值金额5倍以上20倍以下罚款；情节严重的，责令停产停业，直至由原发证部门吊销医疗器械注册证、医疗器械生产许可证、医疗器械经营许可证，对违法单位的法定代表人、主要负责人、直接负责的主管人员和其他责任人员，没收违法行为发生期间自本单位所获收入，并处所获收入30%以上3倍以下罚款，10年内禁止其从事医疗器械生产经营活动：

（一）生产、经营、使用不符合强制性标准或者不符合经注册或者备案的产品技术要求的医疗器械；

（二）未按照经注册或者备案的产品技术要求组织生产，或者未依照本条例规定建立质量管理体系并保持有效运行，影响产品安全、有效；

（三）经营、使用无合格证明文件、过期、失效、淘汰的医疗器械，或者使用未依法注册的医疗器械；

（四）在负责药品监督管理的部门责令召回后仍拒不召回，或者在负责药品监督管理的部门责令停止或者暂停生产、进口、经营后，仍拒不停止生产、进口、经营医疗器械；

（五）委托不具备本条例规定条件的企业生产医疗器械，或者未对受托生产企业的生产行为进行管理；

（六）进口过期、失效、淘汰等已使用过的医疗器械。

第八十七条　医疗器械经营企业、使用单位履行了本条例规定的进货查验等义务，有充分证据证明其不知道所经营、使用的医疗器械为本条例第八十一条第一款第一项、第八十四条第一项、第八十六条第一项和第三项规定情形的医疗器械，并能如实说明其进货来源的，收缴其经营、使用的不符合法定要求的医疗器械，可以免除行政处罚。

第八十八条　有下列情形之一的，由负责药品监督管理的部门责令改正，处1万元以上5万元以下罚款；拒不改正的，处5万元以上10万元以下罚款；情节严重的，责令停产停业，直至由原发证部门吊销医疗器械生产许可证、医疗器械经营许可证，对违法单位的法定代表人、主要负责人、直接负责的主管人员和其他责任人员，没收违法行为发生期间自本单位所获收入，并处所获收入30%以上2倍以下罚款，5年内禁止其从事医疗器械生产经营活动：

（一）生产条件发生变化、不再符合医疗器械质量管理体系要求，未依照本条例规定整改、停止生产、报告；

（二）生产、经营说明书、标签不符合本条例规定的医疗器械；

（三）未按照医疗器械说明书和标签标示要求运输、贮存医疗器械；

（四）转让过期、失效、淘汰或者检验不合格的在用医疗器械。

第八十九条　有下列情形之一的，由负责药品监督管理的部门和卫生主管部门依据各自职责责令改正，给予警告；拒不改正的，处1万元以上10万元以下罚款；情节严重的，责令停产停业，直至由原发证部门吊销医疗器械注册证、医疗器械生产许可证、医疗器械经营许可证，对违法单位的法定代表人、主要负责人、直接负责的主管人员和其他责任人员处1万元以上3万元以下罚款：

（一）未按照要求提交质量管理体系自查报告；

（二）从不具备合法资质的供货者购进医疗器械；

（三）医疗器械经营企业、使用单位未依照本条例规定建立并执行医疗器械进货查验记录制度；

（四）从事第二类、第三类医疗器械批发业务以及第三类医疗器械零售业务的经营企业未依照本条例规定建立并执行销售记录制度；

（五）医疗器械注册人、备案人、生产经营企业、使用单位未依照本条例规定开展医疗器械不良事件监测，未按照要求报告不良事件，或者对医疗器械不良事件监测技术机构、负责药品监督管理的部门、卫生主管部门开展的不良事件调查不予配合；

（六）医疗器械注册人、备案人未按照规定制定上市后研究和风险管控计划并保证有效实施；

（七）医疗器械注册人、备案人未按照规定建立并执行产品追溯制度；

（八）医疗器械注册人、备案人、经营企业从事医疗器械网络销售未按照规定告知负责药品监督管理的部门；

（九）对需要定期检查、检验、校准、保养、维护的医疗器械，医疗器械使用单位未按照产品说明书要求进行检查、检验、校准、保养、维护并予以记录，及时进行分析、评估，确保医疗器械处于良好状态；

（十）医疗器械使用单位未妥善保存购入第三类医疗器械的原始资料。

第九十条　有下列情形之一的，由县级以上人民政府卫生主管部门责令改正，给予警告；拒不改正的，处5万元以上10万元以下罚款；情节严重的，处10万元以上30万元以下罚款，责令暂停相关医疗器械使用活动，直至由原发证部门吊销执业许可证，依法责令相关责任人员暂停6个月以上1年以下执业活动，直至由原发证部门吊销相关人员执业证书，对违法单位的法定代表人、主要负责人、直接负责的主管人员和其他责任人员，没收违法行为发生期间自本单位所获收入，并处所获收入30%以上3倍以下罚款，依法给予处分：

（一）对重复使用的医疗器械，医疗器械使用单位未按照消毒和管理的规定进行处理；

（二）医疗器械使用单位重复使用一次性使用的医疗器械，或者未按照规定销毁使用过的一次性使用的医疗器械；

（三）医疗器械使用单位未按照规定将大型医疗器械以及植入和介入类医疗器械的

信息记载到病历等相关记录中；

（四）医疗器械使用单位发现使用的医疗器械存在安全隐患未立即停止使用、通知检修，或者继续使用经检修仍不能达到使用安全标准的医疗器械；

（五）医疗器械使用单位违规使用大型医用设备，不能保障医疗质量安全。

第九十一条　违反进出口商品检验相关法律、行政法规进口医疗器械的，由出入境检验检疫机构依法处理。

第九十二条　为医疗器械网络交易提供服务的电子商务平台经营者违反本条例规定，未履行对入网医疗器械经营者进行实名登记，审查许可、注册、备案情况，制止并报告违法行为，停止提供网络交易平台服务等管理义务的，由负责药品监督管理的部门依照《中华人民共和国电子商务法》的规定给予处罚。

第九十三条　未进行医疗器械临床试验机构备案开展临床试验的，由负责药品监督管理的部门责令停止临床试验并改正；拒不改正的，该临床试验数据不得用于产品注册、备案，处5万元以上10万元以下罚款，并向社会公告；造成严重后果的，5年内禁止其开展相关专业医疗器械临床试验，并处10万元以上30万元以下罚款，由卫生主管部门对违法单位的法定代表人、主要负责人、直接负责的主管人员和其他责任人员，没收违法行为发生期间自本单位所获收入，并处所获收入30%以上3倍以下罚款，依法给予处分。

临床试验申办者开展临床试验未经备案的，由负责药品监督管理的部门责令停止临床试验，对临床试验申办者处5万元以上10万元以下罚款，并向社会公告；造成严重后果的，处10万元以上30万元以下罚款。该临床试验数据不得用于产品注册、备案，5年内不受理相关责任人以及单位提出的医疗器械注册申请。

临床试验申办者未经批准开展对人体具有较高风险的第三类医疗器械临床试验的，由负责药品监督管理的部门责令立即停止临床试验，对临床试验申办者处10万元以上30万元以下罚款，并向社会公告；造成严重后果的，处30万元以上100万元以下罚款。该临床试验数据不得用于产品注册，10年内不受理相关责任人以及单位提出的医疗器械临床试验和注册申请，对违法单位的法定代表人、主要负责人、直接负责的主管人员和其他责任人员，没收违法行为发生期间自本单位所获收入，并处所获收入30%以上3倍以下罚款。

第九十四条　医疗器械临床试验机构开展医疗器械临床试验未遵守临床试验质量管理规范的，由负责药品监督管理的部门责令改正或者立即停止临床试验，处5万元以上10万元以下罚款；造成严重后果的，5年内禁止其开展相关专业医疗器械临床试验，由卫生主管部门对违法单位的法定代表人、主要负责人、直接负责的主管人员和其他责任人员，没收违法行为发生期间自本单位所获收入，并处所获收入30%以上3倍以下罚款，依法给予处分。

第九十五条　医疗器械临床试验机构出具虚假报告的，由负责药品监督管理的部门处10万元以上30万元以下罚款；有违法所得的，没收违法所得；10年内禁止其开展相关专业医疗器械临床试验；由卫生主管部门对违法单位的法定代表人、主要负责人、直接负责的主管人员和其他责任人员，没收违法行为发生期间自本单位所获收入，并处所获收入30%以上3倍以下罚款，依法给予处分。

第九十六条　医疗器械检验机构出具虚假检验报告的，由授予其资质的主管部门撤销检验资质，10年内不受理相关责任人以及单位提出的资质认定申请，并处10万元以上30万元以下罚款；有违法所得的，没收违法所得；对违法单位的法定代表人、主要负责人、直接负责的主管人员和其他责任人员，没收违法行为发生期间自本单位所获收入，并处所获收入30%以上3倍以下罚款，依法给予处分；受到开除处分的，10年内禁止其从事医疗器械检验工作。

第九十七条　违反本条例有关医疗器械广告管理规定的，依照《中华人民共和国广告法》的规定给予处罚。

第九十八条　境外医疗器械注册人、备案人指定的我国境内企业法人未依照本条例规定履行相关义务的，由省、自治区、直辖市人民政府药品监督管理部门责令改正，给予警告，并处5万元以上10万元以下罚款；情节严重的，处10万元以上50万元以下罚款，5年内禁止其法定代表人、主要负责人、直接负责的主管人员和其他责任人员从事医疗器械生产经营活动。

境外医疗器械注册人、备案人拒不履行依据本条例作出的行政处罚决定的，10年内禁止其医疗器械进口。

第九十九条　医疗器械研制、生产、经营单位和检验机构违反本条例规定使用禁止从事医疗器械生产经营活动、检验工作的人员的，由负责药品监督管理的部门责令改正，给予警告；拒不改正的，责令停产停业直至吊销许可证件。

第一百条　医疗器械技术审评机构、医疗器械不良事件监测技术机构未依照本条例规定履行职责，致使审评、监测工作出现重大失误的，由负责药品监督管理的部门责令改正，通报批评，给予警告；造成严重后果的，对违法单位的法定代表人、主要负责人、直接负责的主管人员和其他责任人员，依法给予处分。

第一百零一条　负责药品监督管理的部门或者其他有关部门工作人员违反本条例

规定，滥用职权、玩忽职守、徇私舞弊的，依法给予处分。

第一百零二条　违反本条例规定，构成犯罪的，依法追究刑事责任；造成人身、财产或者其他损害的，依法承担赔偿责任。

第八章　附　则

第一百零三条　本条例下列用语的含义：

医疗器械，是指直接或者间接用于人体的仪器、设备、器具、体外诊断试剂及校准物、材料以及其他类似或者相关的物品，包括所需要的计算机软件；其效用主要通过物理等方式获得，不是通过药理学、免疫学或者代谢的方式获得，或者虽然有这些方式参与但是只起辅助作用；其目的是：

（一）疾病的诊断、预防、监护、治疗或者缓解；

（二）损伤的诊断、监护、治疗、缓解或者功能补偿；

（三）生理结构或者生理过程的检验、替代、调节或者支持；

（四）生命的支持或者维持；

（五）妊娠控制；

（六）通过对来自人体的样本进行检查，为医疗或者诊断目的提供信息。

医疗器械注册人、备案人，是指取得医疗器械注册证或者办理医疗器械备案的企业或者研制机构。

医疗器械使用单位，是指使用医疗器械为他人提供医疗等技术服务的机构，包括医疗机构、计划生育技术服务机构、血站、单采血浆站、康复辅助器具适配机构等。

大型医用设备，是指使用技术复杂、资金投入量大、运行成本高、对医疗费用影响大且纳入目录管理的大型医疗器械。

第一百零四条　医疗器械产品注册可以收取费用。具体收费项目、标准分别由国务院财政、价格主管部门按照国家有关规定制定。

第一百零五条　医疗卫生机构为应对突发公共卫生事件而研制的医疗器械的管理办法，由国务院药品监督管理部门会同国务院卫生主管部门制定。

从事非营利的避孕医疗器械的存储、调拨和供应，应当遵守国务院卫生主管部门会同国务院药品监督管理部门制定的管理办法。

中医医疗器械的技术指导原则，由国务院药品监督管理部门会同国务院中医药管理部门制定。

第一百零六条　军队医疗器械使用的监督管理，依照本条例和军队有关规定执行。

第一百零七条　本条例自2021年6月1日起施行。